千家駒讀史筆記

千家駒

八方文化企業公司
GLOBAL PUBLISHING CO. INC.

八方文化企業公司
GLOBAL PUBLISHING CO. INC.

子字駒讀史筆記

著者八十二歲近影

目錄

自序

在文化大革命期間，我去了「五七幹校」勞動改造了三年。回來之後，我還沒有得到「解放」（這是「文革」中創造的新名辭，意謂未恢復原有政治待遇），朋友們也不敢和我多所來往。我利用了這一機會，在家裏閉門讀書，我讀了《資治通鑑》，《續資治通鑑》以及二十四史中的一部分斷代史，如《史記》，前後《漢書》，《晉書》《隋書》《明史》等等，也通讀了《馬克思恩格斯全集》四十餘卷以及一些名人寫的回憶錄（如《丘吉爾回憶錄》，戴高樂，杜魯門，艾森豪威爾等的傳記和回憶錄）。這是我生平讀書最集中，最有系統，也是收獲最豐富的時期。當然如果按照「偉大領袖」毛主席的理論，這也是我思想「最反動」，「最愚蠢」的時期（「讀書愈多愈愚蠢」，「讀書愈多愈反動」，這是毛的「最高指示」。）「反動」也罷，「愚蠢」也罷，文人積習難改，我在讀書之餘，做了許多讀書筆記，這些讀書筆記絕大多數是有感而發的。例如在封建王朝，「立太子」是一件頭等大事，「太子」只能由皇帝親自選定。爲了爭奪「皇儲」，一部二十四史，親兄弟之間，親夫婦之間，親父子之間，親母子之間，展開了你死我活的鬥爭，勾心鬥角，互相殘殺，真不知有多多少少。隋文帝有五個兒子，都是獨孤皇后（鮮卑貴族）一人所生，文帝曾對羣臣説：「前世天子，多有妃妾，嫡庶之爭，故有廢立，甚至以此亡國，我沒有妃妾，五子同一母所生，真是親骨肉，也就不用擔心了。」但是結果呢？五個兒子，兩個被自己的親兄弟煬帝所殺，一個被文帝迫害而死，而煬帝自己和老四（楊秀）被宇文化及所殺，五子無一善終。即使是歷史上最英明的皇帝，爲了「立儲」，也傷透了腦筋，如漢武帝，清康熙帝即其著例。但是又有誰會想到有「無比優越性的社會主義」中國，到了二十世紀六十年代，毛澤東爲了選「接班人」，也同樣蹈封建王朝的覆轍。這是因爲中國在解放後雖然披上了「社會主義」的外衣，戴上了「馬克思主義」的桂冠，而實質上是不折不扣的「毛澤東王朝」。所謂「人民民主專政」或「無產階級專政」都是「毛皇帝」一人之專政而已。讀了歷史就令我們明白：林彪，江青的奪權鬥爭不過封建社會歷史的重演而已。所以在我的讀史筆記中，有關於漢武帝，清康熙以及宋太宗趙光義的傳位和奪權的故事。

又如武則天是江青「皇后」所一心嚮往和仿效的，其實武則天是一個很英明，豁達大度，識大體的明主，除了武則天的淫蕩與男寵之多，江青可與之比美以外，別的方面，江「皇后」豈及武則天於萬一？此真所謂「畫虎不成反類狗」，徒成爲歷史的笑柄而已。在筆記中我寫了一則「武則天」，又寫了一則「韋后與安樂公主」。在二十四史上，我想來想去只有一個西晉惠帝的賈皇后，其殘忍、無恥，勉强可以與江「皇后」相匹敵。賈皇后挑起了八王之亂，終於自己亦死於八王之亂中，西晉之亡，賈后實爲罪魁禍首。但八王之亂，亦僅在司馬王朝之內，不像江「皇后」的荼毒全中國。而賈后的丈夫是歷史上著名的白痴皇帝，而江「皇后」的丈夫則是至今猶被中共老人們奉爲「神明」的毛澤東主席，這難道不是歷史的諷刺?!

在「文革」期間，福建有一個中學教員通過特殊的渠道給毛主席寫了一封信，哀嘆他生活的困難，毛主席收到信後立即給這位中學老師寄去三百元。中國的報刊大事宣傳，頌揚毛主席關心中學教師的疾苦。這我在歷史上也找到了一個類似的例子。唐德宗（七八七年）有一次出門打獵，過百姓趙光壽家。趙光壽向德宗訴苦租稅之繁重。德宗聽了以後，下令免去趙光壽一家的租稅。於此司馬光這位封建史家說：「德宗真是昏憒透頂。自古所怕的就是人君有恩惠而壅塞不能下達，小民有冤屈而不能上通君主，離叛危亡，都由此而起。現在德宗帝以遊獵到老百姓家裏，碰到趙光壽這樣敢於說話的人而知道民間的疾苦，這真是千載難逢的機會。他就應當把那些不貫徹政令，殘害小民，橫徵暴歛，以及阿諛奉承的官吏加以懲戒，然後洗面革心，把政令一新，不唱高調，不說假話，謹號令，明誠信，察真僞，辨忠奸，矜窮困，伸冤屈，則太平盛世不難做到，今僅把趙光壽一家的租稅免去，試想四海之廣，兆民之衆，那能人人都到皇帝面前告御狀而家家免他的租稅呢！」（見《資治通鑑》唐紀四十九）。司馬光這一段話，真是可圈可點。毛澤東熟讀《資治通鑑》，竟不能接受歷史的教訓，還以寄了三百元給一中學教師作爲他關心教育的象徵，這不爲幾百年前的司馬光所耻笑嗎！

總之，我所有的讀史筆記都是有針對性，即針對當時的共產黨統治的中國。說我是「借古諷今」也好，是「借他人酒杯，澆自己塊壘」也好，總之是有的放矢的。我決不無病呻吟或做繁瑣式的考證。我把這些讀史筆記寫好後，寄存在一個朋友家裏，我不準備公開發表，至少不準備在生前發表。因爲在「無產階級專政」下，文網之密，遠甚於封建王朝。中共建政之後，屢興文字之獄，其慘烈與誅連之廣亦遠超過明朱元璋與清雍正年代，真所謂「俱往矣，數風流人物（應讀爲「獨裁人物」）還看今朝。」

文化大革命結束之後，我把其中一小部分在報刊中發表了，絕大部分稿子還保留在朋友家中。人事碌碌，我幾乎已把這些稿子淡忘了。一九八九年「六四」事件以後，我流寓美國，息影洛城。前不久有人居然把我這部分存稿帶出來給我。適值新加坡世界科技出版社擬出版我的著作．我就把它整理出來，使它公之於世，亦以誌我生命史上這一段鴻爪。讀屈原「卜居」有：「世溷濁而不清，蟬翼爲重，千鈞爲輕。黃鐘毀棄，瓦釜雷鳴。讒人高張，賢士無名。吁嗟默默兮，誰知我之廉貞。」東望神州，不禁感慨係之矣！

千家駒

一九九一，七，十六日於加州

歷史的教訓

「嗚呼！滅六國者六國也，非秦也。族秦者，秦也，非天下也。嗟夫，使六國各愛其人，則足以拒秦，秦復愛六國之人，則遞三世可至萬世而爲君。誰得而族滅也?!秦人不暇自哀而後人哀之，後人哀之而不鑒之，亦使後世而復哀後人也。」

—杜牧：「阿房宮賦」

「後人哀之而不鑒之」，這是中國歷史的悲劇。歷史是一面鏡子，司馬光用了畢生的精力編了一部歷史巨著，書名：《資治通鑑》，就是獻給宋朝皇帝看的，要他借鑒歷史，治理天下。據說毛澤東主席是最愛讀《資治通鑑》的。當毛主席六十華誕時，民主黨派要給他做壽，毛主席不同意。後來，中國民主同盟花了三百元的代價在琉璃廠舊書店買了一部明版的《資治通鑑》送給他，毛非常高興，欣然收下。可惜毛主席熟讀《資治通鑑》，只學會了歷代帝王如何運用權勢，縱橫捭闔，以鞏固其獨裁統治，而絲毫沒有接受歷史的教訓。中國封建統治者多以「立太子」、「女禍」、「宦官」三者亡國，而號稱「社會主義」的新中國，竟亦蹈歷史的覆轍，這難道不是中國的悲哀！先說「立太子」一事。

中國是一個有二千幾百年歷史的封建社會，只要中國的政治沒有走上民主化的軌道，中國的統治者不管用什麼好聽的名辭，國民黨的「訓政」也好，共產黨的「無產階級專政」也好，實質上都是封建統治，是帝王的「獨裁政治」。在封建社會，「立太子」是一件大事。李固說：「悠悠萬事，唯此爲大」(見《後漢書》卷六十三)，即指「立太子」而言。因爲在封建政體與帝王制度下，太子（中國共産黨名之爲「接班人」）只有由皇帝親自指定。爲了爭奪「皇儲」，親父子之間，親兄弟之間，親夫婦之間，展開了你死我活的鬥爭，互相殘殺，幾乎司空見慣。中國歷史上有不少很英明的皇帝，即所謂「英主」或「明君」，在立儲問題上，同樣也傷透了腦筋。即以漢武帝、唐太宗、宋太祖、清康熙爲例，他們都是中國歷史上數一數二的明君，没有一個不是在立儲問題上出了事。唐太宗以弑兄殺弟的玄武門之變取得政權，這是我們所週知的。其他如漢武帝、清康熙亦因「立儲」問題困擾不堪。漢武帝初立衛皇后的兒子據爲太子。後因據太子與權臣江充有隙，江充要陷害太子，被太子所殺，太子亦被漢武帝所殺。到了晚年才立了一個七歲的兒子弗陵爲太子，立後，就把弗陵的生母殺了。弗陵即漢昭帝。清康熙有三十四子，其中有十五人早殤，康熙初立第三子允礽爲太子，後被廢。太子被廢後，諸王爭奪皇位，結黨營私，康熙對此十分惱怒，凡是羣臣誰提起「立儲」的，立加重罪。到了康熙四十八年又恢復允礽爲皇太子，五十一年又再廢立，以後一直到康熙之死，立儲問題始終未解決。雍正之立，乃以陰謀手段取得。據雍正自己說是：「倉卒之間，一言而定」，甚至有人説康熙是被雍正害死的。此外還有宋太祖，隋文帝都是歷史上少有的英主，宋太祖趙匡胤取得後周的政權，建立了宋王朝，當了十六年皇帝，不料自己被同胞弟趙光義(即宋太宗)所害，自己的兒子，弟弟死在趙光義手中。隋文帝五子均一母所生，而五子均不得善終。我在讀史筆記中列舉了漢武帝、隋文帝、宋太祖、清康熙的立儲故事，説明封建皇朝爲爭奪「皇位」的鬥爭是多麼殘酷。但是又有誰會想到了二十世紀，號稱「信仰馬克思主義」，實行「無產階級專政」的中華人民共和國，還是跳不出這個爲争奪「皇儲」（美其名曰「接班人」）而天下大亂的歷史循環。因爲中國的社會還是封建主義的底子，中國的最高統治者，不管他叫大總統（袁世凱），委員長（蔣介石），主席（毛澤東），他們滿腦子帝皇思想，實質上還是中國的「皇上」。袁世凱做了八十三天的皇帝（洪憲帝制），由於衆叛親離，不久就「駕崩」了。蔣介石統治了中國大陸二十多年，内則軍閥共黨割據，外則日寇入侵。没有一天真正統一過，到了台灣建立小朝廷，才傳位給長子蔣經國。而只有毛澤東，他從一九四九年十月一日中華人民共和國成立，到他一九七六年九月逝世，整整做了二十七年無帝皇之名而有帝皇之實的「毛皇帝」。

本來，毛澤東是要以劉少奇爲接班人的（見毛澤東與蒙哥馬利元帥談話）。劉少奇的資望能力都遠不及周恩來，毛爲什麼不選周而選劉呢？因爲在一九四五年中國共產黨的七屆大會上，劉少奇首先提出了「毛澤東思想」的口號，以樹立毛澤東的個人崇拜，這正投毛之所好。所以毛以劉爲接班人。在黨的副主席的排位上，劉是第一副主席，周是第二副主席。朱德與陳雲爲第三四副主席。新中國成立以後，中共一直宣傳「毛澤東思想」，把它與「馬列主義」並列。（一直到今天，中共還如此）。但到了一九五六年以後，「毛澤東思想」忽然不大提起了，這一方面是受了蘇聯共產黨二十大赫魯曉夫反斯大林個人迷信的影響，一方面是劉少奇的主意。劉少奇說，「毛澤東思想」已經樹起來了，不用再樹了。所以在中共八大文件中，「毛澤東思想」這個辭兒不見了。這就遭了毛澤東的大忌，毛對劉少奇有意見，並不是如毛澤東所說的什麼「兩條路綫的鬥争」，什麼「劉少奇要走資本主義道路」，而毛「要走社會主義道路」。這完全是胡扯。主要是劉不再大樹特樹毛澤東思想，毛怕大權旁落。林彪摸透了毛澤東的心理。毛是一個典型的兩面派，口裏說不要搞個人迷信，而心裏想的是極端的個人英雄主義，林彪看準了這一點，所以吹捧毛澤東四個「偉大」，什麼「歷史上數百年才一見的偉大人物」，什麼「毛主席的話一句頂一萬句」，胡說什麼「毛的最高指示理解的要執行，不理解的也要執行」，這都投毛之所好。陳伯達是深深瞭解毛的個性的，這個披着「馬列主義理論家」外衣的「老夫子」，從理論上爲毛澤東塗脂抹粉，今天寫一篇文章，吹捧毛主席什麼指示是「馬列主義理論的新發展」，明天寫一篇文章，又說什麼毛澤東的理論是「豐富了馬列主義」，這些都是毛澤東所最欣賞的。所以在文化大革命初期，毛澤東把林彪選爲接班人，而以陳伯達爲文革小組組長，原來的接班人劉少奇則一變而爲「叛徒，內奸，工賊」了。

毛澤東選林彪爲「接班人」的後果是爲大家所週知的，林要暗殺毛澤東而自己折戟沉沙於外蒙古。

毛澤東選的第三個接班人是王洪文，其實是江青。「四人幫」實質上是「五人幫」，毛本來是要「四人幫」接班的，不過毛也知道江青的人緣太壞，樹敵太多，所以在臨死前夕，又以華國鋒爲「接班人」。

華國鋒接班的後果，也不妙，這已爲大家所週知，這裏不多說了。

爲了選擇「接班人」而發動了文化大革命，使中國人民陷於水深火熱之中，這一場災難是中國甚至世界歷史上亦所少見的。這在民主國家是不可能想象的，因爲民主國家的領導人都不是終身制，而且領導人的更替有一定的規章制度，不能由誰說了算。但在封建王朝，這却是不稀奇的了。中國歷史上所有的皇帝都因「建儲」問題鬧得天翻地覆，毛澤東也終因接班人問題而鬱鬱以歿，對一個深刻理解封建皇朝的歷史的人，這又是毫不足怪的了。

我曾發表過一篇文章，說我們現在應該「反封」而不是「反資」。封建主義對我們的毒害實在太深刻了，「接班人」問題便是一個明證。但今天中國正有人藉着「反資」而使封建主義覆辟。

關於女禍

中國歷史上女禍之爲害，史不絶書。因爲在封建專制時代，帝王好色，寵愛妃妾，所謂「君寵益嬌態，君憐無是非」，吳王因寵西施而亡國，唐皇因寵貴妃而有安史之亂。没有想到，到了二十世紀，號稱「社會主義」的新中國，在文化大革命中，還出了一個「四人幫」的江青，其禍國殃民，超過了中國有史以來任何一個朝代。其實，西施與玉環以美色著稱，除了傾國傾城的美貌外，未聞她們做過什麼傷天害理的事。夫差之亡吳與安史之亂，不能把責任推到西施與貴妃身上。中國歷史上最大的野心家是武則天，同時武則天也是最偉大的女政治家。武則天的才具非凡，有政治家的風度，繼貞觀之治以後，武則天的統治基本上是穩定的，經濟上亦是繁榮的。唐代由盛而衰的轉變期是「安史之亂」，而不是武則天稱帝。范文瀾先生在他的「中國通史」中把武則天列爲「明主」而非「昏君」，這是很有見地的。老實説，如果武則天不廢李顯（唐中宗）爲廬陵王，則以中宗之昏庸，韋后的弄權，唐代等不到天寶年間，就已經要大亂了。

中國歷史上最荒唐、最淫亂、最無耻，害國害民最烈，卒以亡國亡身的女人不是西施，不是楊貴妃，更不是武則天，而是西晉白痴皇帝晉惠帝的皇后賈后。賈后的淫亂且不説，她挑起了西晉八王之亂，最後自己亦被八王之一的司馬倫所殺。八王之亂是西晉轉盛爲衰的關鍵，而八王之亂的罪魁禍首就是賈后。江青想做武則天，但她没有武則天的才具，更没有武則天的寬宏大度。歷史上差堪與江青比擬的只有晉惠帝的賈后。所以我寫了一篇《江青與賈后》的讀書筆記。

令我感慨不已的是賈后的丈夫晉惠帝是歷史上有名的白痴皇帝；而江青的丈夫却是新中國「偉大的領袖」毛澤東主席。賈后之爲禍不過亡了西晉，而江青之爲害却使全國數萬萬人民塗炭，數百萬知識份子遭殃，這是時代的「進化」呢，還是中國人民的劫運難逃呢？這留待歷史去判斷吧。

漢武帝立太子的故事

在封建帝王時代，「立太子」是一件大事。李固：「悠悠萬事，唯此爲大。」就是指「立太子」一事而說的。（見《後漢書》卷六十三）。因爲在專制政體或個人獨裁的制度下，沒有民主選舉這一說。接班人只有由皇帝或獨裁者親自指定。爲了爭奪「皇儲」，親兄弟之間，親父子之間，親夫婦之間展開了你死我活的鬥爭，勾心鬥角，互相殘殺，幾於司空見慣。隋文帝有五個兒子，都是獨孤后所生，文帝曾對羣臣們說：「前世天子，多有妃妾，嫡庶分爭，故有廢立，甚至以此亡國。我沒有妾侍，五子同母所生，真是親骨肉，也就不用擔這份心了！」結果呢？五個兒子，兩個被隋煬帝（文帝次子）所殺，煬帝與老四（楊秀）被宇文化及所殺，一個被文帝迫害而死，幾乎沒有一個是善終的。大獨裁者希特勒，生前自己指定戈林爲接班人，待蘇軍攻克柏林，希魔被圍在國會大廈，已成釜底遊魂的時候，戈林終以爲這一下子他接班的時刻來到了，給希特勒發去一個電報，準備接希特勒的班。希特勒竟勃然大怒，下令將戈林處死（因情況變化，未能執行）。到了鬼門關，還要爭接班，真是滑稽之至！

漢武帝在中國歷史上是數一數二的雄才大略的英主，但他晚年爲了接班人的問題也是傷透腦筋的。

漢武帝的皇后衛子夫，是一個歌女。前一三九年（武帝建元二年），武帝到霸上去拜神求福，路過姊姊平陽公主家，看中了衛子夫，平陽公主把她送進宮中，甚見寵愛，封爲夫人。

衛子夫的同母弟衛青，父名鄭季，本平陽縣吏，在公主家服役，與子夫的母親衛媼私通生子青，冒姓衛氏。衛青因子夫的關係，得漢武帝的信任，他爲漢朝抵禦匈奴，開拓疆土，建立了不世的功勛，是我國歷史上少有的名將。

武帝二十九歲時，(前一二八年），衛夫人生子據因而立爲皇后。前一二二年立據爲太子。劉據爲人忠厚，武帝嫌他没有才幹，不像他自己。以後武帝的妃子王夫人生子閎，李姬生子旦、胥，李夫人生子髆。衛后和太子没有以前那樣得寵，頗不自安。武帝知道後，對大將軍衛青說：「漢朝建立不久，四夷都想欺侮中國，我如不變更制度，後代無所依據；不出兵討伐，天下不安寧。因此不得不一再用兵。如果後代也像我這樣，那就要蹈亡秦的覆轍了。太子（指據）莊重好靜，一定能安天下，不叫我擔憂。要找一守成的君主，再没有比太子更合適的了。」太子對武帝征伐四夷常有意見，武帝笑着說：「我任其勞，你將來坐享其成，這不是很好嗎！」

武帝每出巡，便叫太子據代行職權，宮中的事交給衛后。漢武帝回來以後，太子揀重要的事向武帝彙報，武帝從無意見，有時甚至不過問。武帝用法嚴刻，任用酷吏，太子寬厚，每有所平反。太子頗得人心，而執法大臣却不喜歡他。衛后每告誡太子，凡事多向武帝請示，不要擅作主張。武帝知道後，反說太子做得對。武帝元封五年（前一〇六年）大將軍衛青死，太子外家没有後援，想陷害太子的人便多了。

當時，漢武帝寵信了一個名叫江充的權臣。江充原爲趙敬肅王門客，因事得罪趙太子丹，逃到京師，向武帝告發丹的陰事，趙太子丹因此被廢。武帝召江充入見，大見寵信，封爲「直指肅衣使者」。江充督察皇親國戚，鐵面無私，武帝認爲「忠直」。某次，江充隨武帝至甘泉，逢太子家人乘車馬走天子所專用的中道，江充要上報，太子托人向江充說情，江充不聽，遂上奏，武帝說：「大臣理應如此。」從此江充與太子有隙。

當時一些方士神巫聚居京師，左道惑衆。女巫往來宮中，教美人埋木頭人在地下，用來祭祀，說可以免災。美人妒忌争寵，互相告發以爲詛咒皇上。武帝年事既高，疑神疑鬼，午睡夢見木偶數千拿棍子打他。醒後身體不適，並苦健忘。江充因與皇后及太子有隙，怕武帝死後太子繼位，不免被殺，就想方設法陷害太子。江充說武帝的病在於「巫蠱」。於是武帝派江充爲治「巫蠱」的專使。江充先制造輿論，叫胡巫掘地找木偶，捕蠱及夜祭的人，逮捕後酷刑拷打，令其招供以「蠱」詛人。民間互相告發，因此而被殺的自京師以及各地共數萬人之多，江充嗾使胡巫檀何說：「宮中有蠱氣，如不清除，皇上的病不能痊愈。」武帝乃命江充去皇宮裏治蠱，並以太監蘇文爲副使。江充先治宮中其他嬪妃以次至於皇后、太子。掘地縱橫，連皇后與太子的床都無放處。江充說：「在太子宮中掘出木偶最多，還有詛咒的文書，亟應上奏。」太子懼怕，就與師傅石德商量。石德說：「這明是栽贓陷害，但如上報，無法申辯。不如矯旨先將江充殺了。且皇上病在甘泉，生死不可知。奸臣弄權，秦扶蘇的事可爲殷鑒。」太子聽了石德的話，就將江充收捕正法，胡巫亦炙死。

這時黃門蘇文逃往甘泉，報告武帝說太子造反。武帝不加詳察，就派兵來打，太子亦出兵抵抗，結果太子兵敗逃亡，不久被獲自殺。因其犯罪而死，故稱「戾太子」。一年以後，才有田千秋向武帝進言，說太子死的冤枉，罪在江充。武帝乃將江充滅族，並殺蘇文。武帝哀太子之死非其罪，乃作「思子宮」，爲「歸來望思之台」於湖，然大錯鑄成，追悔莫及。

戾太子一死，武帝諸子争奪皇位的鬥争便白熱化了。亦爲漢代名將之一的李廣利，其妹李夫人乃武帝的寵妃，生子髆，封昌邑侯。武帝徵和三年（前九十年）李廣利出征匈奴，丞相劉屈氂在渭橋爲廣利餞行。李廣利與劉屈氂是姻親（廣利女爲劉之兒媳）。廣利對劉說：「你及早向皇上進言立昌邑王爲太子，將來昌邑王即帝位，你還怕不長保富貴嗎！」豈知此事爲內者令郭穰所探知，密報武帝說：「丞相夫人祝詛皇上，又與廣利密謀，欲令昌邑王爲太子。」武帝聽後大怒，令將劉屈氂腰斬，丞相夫人梟首，李廣利妻子亦收捕入獄。李廣利在前方又打了敗仗，聽到這消息就投降匈奴了，後爲匈奴所殺。

漢武帝有一李姬，生子旦，封爲燕王，劉旦想這太子該輪到他了。便派使者上書給武帝，願入京師爲宿衛（皇帝的隨從武官）。武帝將來使斬首，從此再也不喜歡劉旦。

最後漢武帝立了一個年僅七歲的小兒子弗陵做太子。立了弗陵以後，隨即將弗陵的生母鈎弋夫人賜死。有一天，武帝問左右：「外間有什麼議論嗎？」左右答：「有人說，既立其子，爲什麼又殺其母呢？」武帝說：「這就不是你們這些庸人所知的了。往古國家所以亂，多由帝幼母壯而起，女主獨居淫亂，誰能制止？你們不看呂后嗎？正因爲立子才必須殺母呵！」

前八七年，漢武帝死，子弗陵即位，是爲漢昭帝。昭帝這時才十一歲，由霍光輔政。霍光是霍去病的異母弟，極得武帝信任。漢武帝曾找人畫了一張周公輔成王的圖賜給他。前七四年，漢昭帝又死，無子，於是又發生了接班人的問題。當時漢武帝的兒子只有廣陵王劉胥還在，但劉胥不爲霍光所喜。於是決定立昌邑王劉賀。劉賀就是李廣利妹妹所生子劉髆的兒子。劉賀是個大紈袴子，放縱淫佚，即位之後，又不把霍光放在眼裏。劉賀立後不到一月，霍光決定將他廢了。當時漢朝的政權、兵權完全掌握在霍光手中。霍光召集羣臣說，昌邑王行爲昏亂，不配做皇帝，羣臣唯霍光之命是從，乃以太后名義，廢劉賀。但昌邑王廢了之後，讓誰來當皇帝呢？

原來這時戾太子（劉據）的孫子病已已經長大成人了。他是武帝的曾孫，劉氏的嫡親骨肉。當劉據因巫蠱事被迫自殺時，病已生才數月，還是襁褓之中。戾太子死後，太子三男一女及諸妻、妾亦一同被殺。只有皇曾孫病已收繫獄中。奉治蠱獄的廷尉丙吉認爲嬰兒是無辜的，就把他收養起來了。此時已十八歲。霍光就把他請出來，立爲皇帝，這就是漢宣帝。宣帝生長民間，頗知民間疾苦，已結婚生子，他的妻子是「暴室嗇夫」（獄吏官名）許廣漢的女兒。

漢宣帝即位後，立許氏爲婕好（宮妃官名）。羣臣議立皇后，當時霍光有一女擬給宣帝爲皇后，尚未提出，而宣帝不忘貧賤，示意羣臣以許婕好爲皇后。霍光以后父出身寒微，然亦無如之何。

宣帝即位後，事事聽命於霍光。政事不論大小，均取決於霍光，宣帝不啻一個傀儡。霍光的兒子禹、兄孫雲均爲中郎將。雲弟山奉車都尉侍中，領胡、越兵。霍光的女婿爲東西宮衛尉，其餘兄弟、諸婿、外孫均位居要津。每霍光朝見時，宣帝戰戰競競，提心吊膽，這完全是霍氏一家專政的局面。

前七一年，許皇后要分娩。霍光夫人霍顯想把女兒給宣帝做皇后，苦於無計可施。恰好宮中女醫官淳于衍來看霍顯，想爲她丈夫謀個差事。霍顯對淳于衍說：「你能幫我一個忙的話，我一定也幫你的忙。」淳于衍說：「夫人還有什麼事要我幫忙呢？」霍顯說：「皇后快分娩了，婦人生產，九死一生，你能趁機把皇后毒死，我的女兒成君將成爲皇后，事如成，富貴與你共之。你丈夫那點事算得了什麼呢！」淳于衍最初不敢答應，霍顯說：「你不必怕，現在大將軍（霍光）當家，誰也不敢說什麼的。」皇后產子後，淳于衍果然用附子合藥丸以進，許后被毒死了。事發後所有御醫收捕審問，霍顯怕事暴露，就將經過告訴霍光。霍光聽後大驚，但又不敢自行檢舉，就把淳于衍保護下來了。霍顯的陰謀實現後，隨即將少女成君納入宮中，立為宣帝皇后。

俗語云：「若要人不知除非己莫為。」但當時即使宣帝有所察覺，在霍氏壓力下，也是不敢聲張的。前七十年（宣帝本始四年）霍光病死，宣帝及皇太后均親臨其喪，還是備極哀榮。前六七年宣帝立許皇后所生子劉奭為太子，（即後來的漢元帝），霍顯聽後，氣得不食說：「這是民間時子，怎麼能立為太子，將來我女霍后如生子，難道反而封王嗎！」她教霍后想方設法毒死太子，以防範嚴密，未得如願。

漢宣帝自霍光死後，即逐步削弱霍氏家族權力。民間又盛傳「霍氏毒死許皇后。」霍禹、霍雲等都不相信，認為它是謠言。後來問霍顯，才曉得這是真事。霍禹、山、雲大驚說：「這是大事，怎麼不早說呢？原來皇上削弱我們的權力是事出有因的，這是有殺身之禍的。怎麼辦？」於是他們密謀搞宮庭政變。事發，霍雲、霍山、霍明等均自殺。霍顯、霍禹被捕後，禹腰斬，顯及諸弟妹均棄市，與霍氏一家有牽連而族滅者達數十家。皇后霍成君被廢，後亦自殺。霍氏一家斬盡殺絕，不留一人，距霍光之死，不到三年。

從這一場驚心動魄的政治鬥爭中，可以看出，在封建王朝，為了奪權，展開了多麼劇烈而殘酷的鬥爭。而在這場鬥爭中，又以漢武帝廢戾太子（劉據）為契機。由於戾太子之死，而有弗陵（昭帝）之立，霍光之顧命，昌邑王之被廢，漢宣帝之繼位，許后之被害，以及霍光家之族滅。如果戾太子不死的話，漢代這半個多世紀的歷史可能是另一個樣子。

到了二十世紀七十年代，已經進入了電子世界，法國大革命（一七八九）也已過去了將近二百年，應該没有「立皇儲」之說了。然而中國的國情是特殊的，不管打着什麽旗號，帝王思想始終根深蒂固地種在有些人的心中。在共産黨統治下的新中國，不是還有人做着吕后、武則天的迷夢嗎！

「腹非」論死

——漢武帝的暴政

口裏不說而心裏不以爲然叫「腹誹」或「腹非」。依照我們現在的辦法，「腹非」至多只能說思想不正確，要改造改造「世界觀」吧！哪知漢武帝更厲害，「腹非」是要殺頭的。這也許是漢武帝之爲大「法家」之一證吧！讀《資治通鑑》漢紀十二載：

「武帝元狩六年（前一一七年）大農令顏異誅。」

「初，異以廉直，稍遷至九卿…張湯與異有隙，及人告異以他事，下張湯治異。異與客語初令下有不便者，異不應，微反唇。湯奏曰『異九卿，見令不便，不入言而腹非，論死』。自是之後，有腹誹之法比，而公卿大夫多諂諛取容矣。」不但顏異這個當時的糧食部長（大農令）因「腹非」處了死刑，而且還定出腹非的法令來，漢武帝的統治思想真比希特勒還要厲害，但其結果是「公卿大多諂諛取容」（當面說好話，拍馬屁）。而且那位以深文周納、用法深刻、定顏異死罪的大法家張湯，到漢元鼎二年（前一一五）十一月也畏罪自殺了，但不知道他自殺時「腹非」了沒有！

想不到二十世紀六十年代，號稱「社會主義」的中國，在毛澤東統治下，「腹非」也是有罪的，在資產階級知識分子改造中，「挖思想深處」，「要觸及自己的靈魂」，這不都腹非論罪嗎！

19 公孫賀與朱安世

公孫賀與朱安世

公孫賀是漢武帝的連襟，公孫賀的夫人衛君孺是武帝衛皇后的姐姐。當時漢武帝對大臣嚴格，自公孫弘以後，丞相李察、嚴青翟、趙周三人都是被殺的，所以漢武帝要公孫賀做丞相，公孫賀不肯接受印綬，他涕泣謙辭說：「我本邊鄙，以鞍馬騎射得官，才力不足以任宰相。」武帝與左右見賀悲哀，感動下泣，叫把「丞相扶起來」，賀不肯起。武帝生氣走了，公孫賀才不得已接受相位。有人問他爲什麼不願爲相，賀說：「皇上太英明了，我才力不够，怕負不了重責，我從此危險了！」

公孫賀的兒子敬聲，代賀爲太僕（官名），父子都居公卿之位。公孫敬聲因爲母親是皇后的姐姐，驕奢不法，擅用了軍款一千八百萬，發覺後下獄。這時武帝正在追捕京師大俠朱安世，未獲。公孫賀就請求武帝以捕獲朱安世來贖兒子敬聲的罪，武帝答應了，后來公孫賀果然逮住了朱安世。朱安世被捕後聽說丞相公孫賀是用他來贖兒子的死罪的，他大笑說「這一下丞相要滅族了」。他從獄中上書武帝，告發了公孫敬聲與武帝女兒陽石公主通奸，又派人用女巫詛咒皇上，在武帝去甘泉的道路上埋木偶人，等等，武帝派人案驗屬實，於是公孫賀父子死獄中，全家滅族。(見《漢書》卷六十六)

公孫賀本想以捕獲朱安世來爲兒子公孫敬聲贖罪的，結果反而自己被殺，全家滅族，這裏不但可以看出朱安世究竟不失爲「大俠」，手段毒辣，而且也看出封建社會爾詐我虞的可怕。

「死鬼又來了」

漢武帝用法深刻，動輒處大臣以死刑。《資治通鑑》漢紀十三載：

「武帝太初二年（前一〇三）閏月，丁丑，以太僕公孫賀爲丞相，時朝廷多事，督責大臣，自公孫弘後，丞相比坐事死。石慶雖以謹得終，然被譴。賀引拜爲丞相，不受印綬，頓首涕泣不肯起。上乃起去，賀不得已拜，出曰『我從此殆矣』！」

按說，丞相是封建王朝最高的職位，封爲丞相應該「彈冠相慶」才對。然而這個公孫賀却不肯接受相印，表示堅決不幹，武帝生氣了，他才勉强就職，出來對人家說：「我從此完蛋了！」

說起來，公孫賀還是武帝的姻親，他的夫人衛君孺是武帝衛皇后的姐姐，他同武帝是「連襟」的關係，他做了丞相後，誠如他所預料，仍不免於一死。前九一年（武帝徵和二年）公孫賀父子被逮捕死於獄中，而且全家族滅。

唐朝武則天也是如此。史載武后廣開仕途，放手給人官職，同時又用嚴刑來控制仕途。發現不稱職的官吏。立即加以殺戮。每任一官，户婢（管宫中門的宫婢）私下說「死鬼又來了」，不多時，這個官果然被殺，甚至族滅。

看起來，這就是中國歷史上「英主」（用時髦的名稱叫「法家」）的所謂用人之法吧！

司馬光論張良辟穀

張良佐劉邦取得天下後，於漢高帝五年（前二〇二年）說要不吃人間烟火食（辟穀），杜門不出，跟赤松子做神仙去了。張良說「我家世代相韓，韓被秦滅亡後，不惜萬金，想爲韓國復仇，天下震動。現在我憑三寸舌爲帝王師，封萬户侯，人間富貴極矣，於願已足。今後我要棄絶人間事，跟赤松子做神仙去了。」

於此，司馬光評論説：

「一個人有生必有死，正如有白天必有黑夜一樣，自古到今，從没有超然例外的，以張良那樣明達事理的人，當然知道做神仙是虛妄的。然而他竟説要跟赤松子去，他的聰明可想而知了。他的功名太高了，要處好君臣之間的關係，是很不容易的。漢高帝所稱的三傑（張良、韓信、蕭何），韓信滅族，蕭何被囚，不正是因爲他們功名高不知身退所造成的嗎！故張良假托要去做神仙，離開人間，視功名爲身外之物，棄榮利而不顧，這正是他明哲保身之處呵！」（《資治通鑑》，漢紀三，原爲古文，譯其大意。）

杜甫在「壯遊」一詩中亦有「榮華敵勳業，歲暮有嚴霜，吾觀鴟夷子（范蠡），才格出尋常。」之句。所謂「飛鳥盡，良弓藏；狡兔死，走狗烹」，無論古今，在專制政治下幾乎成爲一種規律。想不到，在二十世紀的中國，號稱實行社會主義的中國共産黨，也還是離不開這個封建皇朝的規律，劉少奇，彭德懷，賀龍等的被迫害而死，不正是「狡兔死，走狗烹」的明證嗎！

冒頓與鳴鏑

毛澤東「滿江紅」詞中有「正西風落葉下長安，飛鳴鏑」一語。這「鳴鏑」是紀元前二〇〇年匈奴冒頓（讀爲「墨毒」）所發明的。它是一種帶聲的響箭。但冒頓發明「鳴鏑」却有一段政治鬥爭的故事，據《資治通鑑》記載：

冒頓是匈奴單于（單音襌，匈奴君主之稱）頭曼的兒子。頭曼後又生一子，想立爲太子。當時東胡的月氏（音致）很强盛，冒頓爲人質於月氏。有一回，頭曼突襲月氏，月氏要把冒頓殺掉，冒頓偷了一匹駿馬逃了回來，頭曼很賞識冒頓的英勇，令他率領萬騎。

冒頓乃創造了鳴鏑，令所部天天演習騎射。他下命令說「鳴鏑所射的目標，大家要一齊射擊，有不同射者斬。」冒頓先用鳴鏑射自己的良馬，再又射自己的愛妾，左右有猶豫不敢射的，他立刻把他們處死。他再以鳴鏑射他父親單于的良馬，左右亦一同發射。最後有一天他同父親頭曼一起出獵，他用鳴鏑射他的父親，他部下萬箭齊發，就把父親射死了。冒頓就取代他的父親，自立爲單于。(見《資治通鑑》卷十一）。

冒頓給呂后的信

趙翼是清代一個著名的詞章家和史學家。他有不少精闢的見解，但也有許多迂腐的議論。在《陔餘叢考》中，他論《史記》和《漢書》的優劣說：

「又如冒頓給呂后的信很穢褻，《史記》没有載，這是爲本朝避諱，而班固《漢書》中却記得很詳細，連信的内容也一字不漏發表出來，這太無識見了，可見司馬遷優於班固不但在文字方面。」(原爲古文，試譯作白話。)

我認爲這話是不對的，歷史貴在記載客觀事實，什麼「爲尊者諱」「爲親者諱」，都是封建史家歪曲歷史爲帝王將相塗脂抹粉的借口。

究竟冒頓給呂后「穢褻」的信是怎麼一回事呢？

冒頓是匈奴的單于，他以鳴鏑殺父親頭曼而自立。漢高祖死後，呂后稱制（代行天子的職權），當時匈奴强盛，冒頓寫給呂后一封信，據《漢書》載：

「孤僨之君，生於濕澤之中，長於平野牛馬之域，數至邊境，願遊中國。陛下獨立，孤僨獨居，兩主不樂，無以自娱。願以所有，易其所無。」（《漢書》「匈奴傳」第六十四上）

大意就是說「我生長在水草牛馬之鄉，多次到邊境，想到中國玩玩。你現在一個人獨居，兩主分開，很不快樂，無法消遣，願以我之所有，易你之所無。」這裏《史記》所載的是：

「高祖崩，孝惠呂太后時，漢初定，故匈奴以驕。冒頓乃爲書遺高后，妄言，高后欲擊之。」

(匈奴傳五十）翻成白話是「漢高祖死後，當孝惠帝呂太后時，漢局面初定，故匈奴很驕傲。冒頓寫信給呂后，信胡說八道，呂后要出兵打它。」

《漢書》上却把「胡說八道」的信記載下來了。

我認爲《漢書》比《史記》要明白得多，但冒頓這封信，確是對呂后的絕大侮辱。可見，當時漢王朝的確不在匈奴的眼裏。

陳平的秘計考

李陵「答蘇武書」中說「昔高皇帝（漢高祖）以三十萬衆，困於平城，當此之時，猛將如雲，謀臣如雨，然猶七日不食，僅乃得免。」這信是後人僞托的。但漢高祖曾爲匈奴所圍困，經過了七天，後用陳平秘計，才得以解圍，這却是歷史事實。

據《資治通鑑》載：

高帝六年（前二〇〇年）「帝先至平城，兵未盡到，冒頓縱精兵十萬騎，圍帝於白登（白登去平城七里），七日，漢兵中外不得相救援。帝用陳平秘計，使使間厚遺閼氏（音「烟支」，匈奴皇后之稱），閼氏謂冒頓曰，『兩主不相困，今得漢地，而單于終非能居之也。且漢主亦有神靈，單于察之，』…遂解圍之一角。」

此事在《史記》「陳丞相世家」中亦有記載：

「其明年，以護軍中尉從攻反者韓王信於代，卒於平城，爲匈奴所困，七日不得食。高帝用陳平奇計，使單于閼氏，圍以得開。高帝既出，其計秘，世莫得聞。」（《史記》卷五十六）

究竟「世莫得聞」的陳平秘計是什麼，這裏也沒有說。但無論是《資治通鑑》或《史記》的記載，都說陳平的秘計是通過匈奴的皇后（閼氏）而實現的。

原來陳平的秘計是見不得人的。根據桓譚的「新論」和應劭的「漢書音義」，陳平的秘計原來是這樣：陳平派使者去見匈奴的皇后，說漢有非常漂亮的美女，現在高帝被圍，已派人去取，擬獻於單于，單于見此美女，一定大加寵愛，那時匈奴皇后就不免失寵了，不如趁美女未到之時，解圍放漢帝回去，漢帝一解圍，美女也就不會來了。閼氏是婦女，妒忌是女人的天性，她怕漢朝把美女送來奪寵，就說服單于讓高帝解圍而去。因爲秘計有損中國體面，故秘而不傳。

按桓譚與應劭都是東漢時人，離西漢不遠，所說當可信。

這實在太丟大漢王朝的臉了。以堂堂的中國，貴爲天子之尊的漢高帝，竟使用這種見不得人的詭計，才得以脱險，實在可耻，無怪乎「世莫能聞」了。

陳平因獻了這條見不得人的秘計而封爲「曲逆侯」，食五千户。

其實陳平這條秘計，也是有所師承的。最初發明這條秘計的是戰國時代的策士張儀：

周赧王四年（前三一一年）「秦惠王使人告楚懷王，請以武關之外易漢中地，楚王曰『不願得地，願得張儀而獻漢中地。』張儀聞之，請行。王曰：『楚將甘心於子，奈何行？』張儀曰：『秦强楚弱，大王在，楚不宜敢取臣。且臣善其嬖臣靳尚，靳尚得事幸鄭袖，袖之言，王無不聽者。』遂往。楚王囚，將殺之。靳尚謂鄭袖曰『秦王甚愛張儀，將以上庸六縣及美女贖之。王重地尊秦，秦女必貴而夫人斥矣。』於是鄭袖日夜泣於楚王曰：『臣各爲其主耳，今殺張儀，秦必大怒，妾請子母俱遷江南，毋爲秦所魚肉也。』王乃赦張儀而厚禮之。」（見《資治通鑑》卷三，周記三）

這不是陳平秘計的張本嗎！

想不到女子在中國政治上竟能起這麼大的作用。

僞君子的典型—漢黃允

漢桓帝時（一六四年）濟陰黃允，聲名很大，與漢中晉文經都自恃才智，遠近聞名。朝廷屢次徵他去做官也不肯就，托言在京師養病，不見賓客。公卿大夫派門生早晚去問病，郎吏雜坐其門，猶不得見。三公（太尉、司徒、司空）要任用什麼人，先去徵求他的意見，以他一言可否爲定。司徒袁隗要爲衆女擇女婿，見黃允，對人家說：「得婿如此，就心滿意足了。」黃允知道後，立刻要把他妻子離異。黃允妻要求大會宗族親戚以爲別。在大庭廣衆中，她當場揭發黃允所幹的十五件見不得人的醜事而去。從此，這個僞君子的假面具完全被揭破，賓客漸漸散去，旬日之內，黃允亦逃走，後並以罪報廢。

（《資治通鑑》漢紀四十七）

「三國演義」歪曲了曹操與諸葛亮的形象

「三國演義」是我國膾炙人口的通俗歷史小說，其影響之大，僅有「水滸」與「紅樓夢」可與之匹敵。既然是小說，當然與正史不同，我們不可能，也不應該要求歷史小說完全符合歷史事實。「三國演義」有它的許多許多優點，在中國文學史上有很高的評價。我對文藝外行，對此不敢妄贊一辭。

但我認爲「三國演義」歪曲了曹操與諸葛亮兩個著名歷史人物的形象，特別是曹操。

曹操是代表封建地主階級的，自不待論。但曹操實在是一個了不起的英雄人物。他是一個政治家，又是軍事家，同時還是一個文學家。尤其在軍事方面，曹操具有特別的天才，連諸葛亮也很佩服他。諸葛亮在「後出師表」中說：「曹操智計，殊絶於人，其用兵也，仿佛孫吳。」當然，曹操也打過多次敗仗，如諸葛亮所說：「困於南陽，險於烏巢，危於祁連，偪於黎陽，幾敗北山，殆死潼關。」然而歷史上哪有從來不打敗仗的將軍呢！但「三國演義」却把曹操描畫得那麼無能，再經京劇舞台一醜化，曹操幾乎變成專打敗仗的「笑料」了。這是對歷史事實的極大歪曲。讀了「三國演義」我們所得的曹操形象，無論如何不能和諸葛亮對他的評價「其用兵也，仿佛孫吳」協調起來。

其實，曹操這個人在我國歷史上評價一向是很高的，魯迅曾正確地指出：「我們講到曹操，很容易就聯想起『三國演義』，更而想起戲台上那一位花臉的奸臣，但這不是觀察曹操的真正方法。

其實，曹操是一個很有本事的人，至少是一個英雄。」司馬光是一個封建史家，他對歷史人物的評論，一向是比較嚴格的，他評論曹操就很高：

「王（指曹操）知人善察，難眩以僞。識拔奇才，不拘微賤，隨能任使，皆獲其用。與敵對陣，意思安閑，如不欲戰然。及至決機乘興，氣勢盈溢，勳勞宜賞，不吝千金，無功望施，分毫不與。用法峻急，有犯必戮，或對之流涕，然終無赦。雅愛節儉，不好華麗，故能芟刈群雄，幾平海內。」（見《資治通鑑》卷六十九）全文幾乎没有一句是貶辭。

陳壽在《三國誌》上評曹操說：

「漢末，天下大亂，雄豪並起，而袁紹虎視四州，强威莫敵。太祖（指曹操）運籌演謀，師申、商之法術，該韓、白之奇策，官方授材，各因其器，矯情任算，不念舊惡，終能總禦皇機，克成洪業者，惟其明略最優也。抑可謂非常之人，超世之傑矣。」(見《三國誌》，魏書，「武帝紀」。)

杜甫「丹青引贈曹將軍霸」，首句即爲：「將軍魏武之子孫，於今爲庶爲清門。」「魏武」者，曹操也，可見杜甫亦是把曹操當爲正面人物來看的。

曹操的儉樸是很著名的。丞相椽和洽對曹操說：「天下之人，才德各殊，不可以一節取也。儉素過中，自以處身則可，以此格物，所失或多。今朝廷之吏有着新衣、乘好車者，謂之不清。形容不飾，衣裘敝壞者，謂之廉潔。至今士大夫故汙辱其衣，藏其輿服，朝府大吏，或自携壺飱以入官寺。夫立教觀俗，貴處中庸，爲可繼也。今崇一概難堪之行以檢殊途，勉而爲之，必有疲瘁。古之大教，務在通人情而已；凡激詭之行，則容隱僞矣。」

和洽認爲曹操提倡儉樸過分，有失「中庸」之道。官吏穿新衣，乘好車的便目爲污吏，只有破衣爛裳才算廉潔，以致大家都穿起舊衣服來，朝廷官吏上班自帶飯盒。其實，這又有什麽不好呢？當三國頻年戰亂之餘，民生凋敝，統治階級與其失之於奢，寧失之於儉。即使矯枉過正一些，也比奢靡成風好。

不過曹操執行政令，也確乎太嚴厲一些。他的兒媳曹植的老婆穿了一件綉花的衣服，被曹操看見了，認爲違背他的政令，回家「賜死」。穿一件綉花的衣服也要處死，未免不近情理，但這也見出曹操法家的本色。

曹操臨死遺囑說：「天下尚未安定，未得遵古也。葬畢，皆除服。其將兵戍者，皆不得離屯部。有司各率乃職，歛以時服，無藏金玉珍寶。」看來，曹操是薄葬的，墓中既無金玉珍寶，也就不怕人發掘。所謂七十二疑冢之說，恐非事實。

其次，再來談諸葛亮。

在歷史上，諸葛亮首先是一個偉大的政治家，其次才是一個軍事家。但在「三國演義」裏却把諸葛亮描寫成爲一個能「呼風喚雨」鬼神莫測的妖道。「三國演義」的作者本是要美化諸葛亮，結果適得其反。魯迅評得好：「至其寫人，亦頗有失。以致欲顯劉備之長厚而似僞，狀諸葛之多智而近妖。」(見《中國小說史略》。)看他整天「頭戴綸巾，身披鶴氅，手執羽扇」不正像一個妖道嗎！其實，武侯的軍事天才遠不及他政治天才的突出。陳壽在《三國誌》裏對諸葛亮的軍事成就是頗有微辭的。他說：「然連年動衆，未能成功，蓋應變將略，非其所長歟！」(見《三國誌》蜀書諸葛亮傳。)王船山在「讀通鑑論」中亦謂：「故陳壽謂應變將略非武侯所長，誠有謂也。」

有一個例子可用來證明：當劉備敗於東吳陸遜時，法正已死，諸葛亮說：「孝直（法正字）若在必能制主東行，就使東行，必不傾危。」這裏《通鑑》上有個注釋：「觀孔明此言，不以漢主伐吳爲可，然而不諫者，以漢主盛怒而不可阻，且得上遊，可以勝也。兵勢非常，在於觀變出奇，故曰孝直在，必不傾危。」看來，法正在軍事韜略上較武侯還要略勝一籌。

諸葛亮在政治上的才能，在中國歷史上是很少人可與之相比擬的。范文瀾先生說得好：他（指諸葛）要走漢光武復漢室的道路，在客觀上已不可能，但也却已盡了一切主觀的努力。「他在這一方面的努力確已達到無以復加的高度，凡是封建統治階級所能做到的較好措施，他幾乎都做，因之，他的攻魏計劃雖然失敗了，他所治理的漢國，在三國史中却是最有條理的一國。」(見《中國通史簡編》)范老又說：「他集中權力在一身，但是漢後主並不感到他的威脅，朝臣們並不感到他的僭越，國內始終保持着和睦狀態。」

封建史家對諸葛亮的評價，一向是很高的。

《三國誌》作者陳壽的評論說：

「諸葛亮之爲相國也，撫百姓、示儀軌、約官職、從權制、開誠心、佈公道；盡忠益時者雖仇必賞，犯法怠慢者雖親必罰。服罪輸情者雖重必釋，遊詞巧飾者雖輕必戮，(這就是「坦白從寬，抗拒從嚴」政策的張本）善無微而不賞，惡無纖而不貶。庶事精煉，物理其本，循名責實，虛僞不齒。終於邦域之內，咸畏而敬之。刑政雖峻而無怨者，以其用心平而勸戒明也。可謂識治之良才，管蕭之亞匹矣。然連年動衆，未能成功，蓋應變將略，非其所長歟！」

「漢晉春秋」的作者習鑿齒甚至把諸葛亮用法的持平比之於水和鏡子。他說，沒有人因犯法伏誅而怨恨諸葛亮，正如不會有人因爲自己長得醜而遷怒鏡子一樣。

像曹操與諸葛亮這樣的人才是我國真正的法家。這哪裏是深文周納，嚴刑酷罰，殺戮功臣的秦始皇漢高祖所可比擬的呢！

從上面所有這些古今史學家對諸葛亮的評價中，可以看出諸葛亮的主要成就在政治而不在軍事方面。當然，這不貶低諸葛亮在軍事方面的重大貢獻。當諸葛亮死於五丈原退軍時，司馬懿視察他的營壘，嘆曰「天下奇才」。但這究竟與「三國演義」所描寫的「七星壇祭風」中的妖道是兩碼事。

華佗被殺之由

華佗是我國三國時代的名醫，他是被曹操所殺的。但被殺的經過，「三國演義」所記的與正史《三國誌》不同。「三國演義」膾炙人口，一般群衆都以訛傳訛，相信小說家言而不知有信史。「三國演義」上說：曹操患頭痛，請華佗診視。華佗說要動手術，砍開腦袋，取出風涎，才能治愈。曹操認爲人的腦袋怎麼能開刀呢？一定是華佗要設法害他，爲關公報仇。遂下令將華佗殺害。但在正史（《三國誌》）上的記載却是：曹操得病，請華佗診治，華佗以爲此病難以短期痊愈，要長期治療，可延年月。華佗遠客思歸，對曹操說得家書想回去看看再來。到家以後，華佗借口妻病，數乞期不返。曹操再三催他，他也没有動身。曹操發火了，叫人去調查，如果華佗的老婆真的有病，賜小豆四十斛，寬假時日；如果是假的，便把他抓了起來。經調查證明華佗妻根本無病，因而被殺。

雖然是同一的被殺，但對曹操却代表兩種不同的評價。按「三國演義」所說，華佗的被殺完全是冤枉的，原因在曹操多疑。因爲頭部動手術，以華佗醫術之高明，不是没有可能的。他真心實意想給曹操治頭風，而曹操竟疑心華佗要殺害他，爲關羽報仇，這真是豈有此理。況且關羽與華佗有什麼關係呢？不過他曾爲關羽療過骨而已，關羽又不是被曹操而是被孫權所殺的，曹操這種多疑的心理是一點也没有根據的，這只能證明曹操這人心術之壞與殘忍而已。但若依《三國誌》所說，則華佗之被殺，實有自取之道。他借口老婆有疾，不願給曹操看病，而且他多次「乞期不返」。曹操經過了調查，並且下令說，如果華佗的老婆真的有病，還要給他小豆四十斛，寬假他以時日；如果是假的，那就處分他。當然，曹操竟把華佗處死，未免過分了一些，但這正是曹操賞罰分明，用法峻嚴的本色。曹操自己的兒媳婦（曹植妻）違反曹操的政令，穿了綉花的衣服，竟被曹操所賜死；華佗從思想深處不願爲曹操治病，是事實；以後曹操頭風始終未好，曹操說：「華佗能醫好我的病，他想以此自重，所以即令他不死，他也不會給我斷根的。」(「佗能愈此，小人養吾病，欲以自重，然吾不殺此子，亦終當不爲我斷此根源也。」見《三國誌》卷二十九)曹操認爲華佗從思想深處是不願爲曹操治好病的，所以就把他殺了。看來，華佗之死，他自己要負一部分的責任。

「三國演義」作者是反曹派，歪曲歷史事實，醜化曹操之處不一而足，華佗之死，不過其一例耳。

「封王不如布衣」

——曹植的故事

在封建皇朝，生在皇帝之家，應該說是最幸福的了。其實不然。且不說末代皇帝有「願生生世世莫生帝皇家」之嘆，即就平時來說，皇帝的兄弟或子孫往往是不得善終的。皇帝自己被殺，在一部廿四史中更僕難數。爲了爭奪皇位，親父子之間，親兄弟之間，親夫婦之間互相殘殺，真如家常便飯。

「煮豆燃豆萁，豆在釜中泣，本是同根生，相煎何太急。」這首膾炙人口的詩，說的是曹丕與曹植的故事。曹丕與曹植是親兄弟，同母所生，都是曹操的兒子。曹丕居長，曹植行三。曹植長於文學，是中國歷史上著名的文學家。他性機警，多才氣，頗得曹操的寵愛。曾有人勸曹操立曹植爲太子，後以許多人反對，認爲「立子以長，春秋之義」，所以還是立了曹丕。曹操死後，曹丕即位，並稱帝（魏文帝）。曹植的日子便不好過了。曹丕一上台，立即逼他的兄弟曹熊（亦丕胞弟，行四）自殺。曹植據說因爲寫了上面的詩而幸免於死，但亦被貶爲「安鄉侯」，他的親信丁儀、丁廣則被殺。

魏文帝三年（二二二）曹丕封曹植爲鄄（音絹）城王。當時所謂封王皆寄地空名而無其實，王國各有老兵百餘人，以爲守衛，隔絕千里之外，不許朝聘，等於變相的「囚犯」。朝廷還設有「防輔」「監國」等官吏以偵察他們的行動，隨時上報。《資治通鑑》稱：「雖有王侯之號而儕於匹夫，皆思爲布衣而不可得。」當時法令峻急，諸侯王的過失不時上聞，以致親戚朋友之間都不敢來往。要是用現代的話來說，大概和「隔離反省」差不多。

關於他們的處境，可以用曹植於二三一年寫給魏明帝睿（曹丕之子，曹植之侄）的一封信來說明：「至於臣者，人道絶緒，禁錮明時，臣竊自傷也。不敢過望交氣類，修人事，叙人倫，近且婚媾不通，兄弟乖絶，吉凶之問塞，慶吊之禮廢，恩紀之違，甚於路人，隔閡之異，殊於胡越。…每四節之會，塊然獨處，左右惟僕隸，所對惟妻子，高談無所與陳，發義無所與展，未嘗不聞樂而拊心，臨觴而嘆息也。」（《三國誌》，「魏書」，任城陳蕭王傳第十九）

做一個親王，連親屬都不讓來往，不通婚喪慶吊；每逢節日，除妻子，僕役外，没有人可與交談，更不要説詩文酒會了。這不是政治犯的典型寫照嗎！其實，這時候，做皇帝的已不是曹丕而是他的侄兒明帝了，尚且防範如此之嚴。以曹植之多才多藝，如果不生在帝皇家裏，不做曹丕的兄弟，又何至過這種隔絶人世的囚犯生活呢！

不僅曹植如此，其他封侯王的亦莫不戒慎恐懼，深自韜晦，惟恐犯了錯誤，生命不保。據史載：「法既峻急，諸侯王過惡日聞。獨北海王（曹）衮，謹慎好學，未嘗有失。文學，防輔（均官名，派去監視諸王行動的）相與言曰：『受詔察王舉措，有過當奏，有善亦宜以聞。』遂共表稱陳衮美，衮聞之，大驚懼，責讓文學曰：『修身自守，常人之行耳，而諸君乃以上聞，是適所以增其負纍也。且如有善，何患不聞？而遽其如此，是非所以爲益也。』」（見《資治通鑑》卷六九，魏紀一）

這裏，《通鑑》有一個注，説曹衮的話是「師北海王的故智」。北海王是怎麽一回事呢？

漢明帝時，北海敬王劉睦（漢光武劉秀侄劉與之子）少好學，光武帝與明帝都很愛他。劉睦謙恭好士，千里交結，名儒宿德，莫不造門，由是聲譽日隆。嘗派中大夫到京師朝賀，劉睦向中大夫說：「如果朝廷問起我的情況，你打算怎麼回答呢？」中大夫說：「那還用說！大王忠孝仁善，敬賢好士，我敢不說實話嗎！」劉睦說：「啊！你這不是存心坑害我嗎！那是我年輕時的行爲。你應該說，封王以來，我意志頹唐，聲色犬馬是好，這才是愛護之道呵！」

看來，做諸侯王亦大難。如果做了壞事，上報皇帝，不免受處分；如果做了好事又會被懷疑爲收買民心，居心叵測，更有殺身之禍。所以「玩物喪志」，「聲色犬馬是好」大概是最保險的辦法。

這使我想起了解放前的一事，一九三四年大陸史學家范文瀾，在北平時曾一度被國民黨憲兵第三團所逮捕，解往南京。當時范老任北平女子文理學院院長，許多朋友營救他，對國民政府當局說：「范文瀾是個好人，生活勤樸，每月薪金收入以一部分捐給學校購買圖書，上班經常步行，連洋車也不坐。」不料國民黨情報官員聽後說：「這不正足以證明范文瀾是個共產黨嗎！」在國民黨官僚看來，生活艱苦樸素是共產黨的特徵，如果吃喝嫖賭，抽鴉片，逛窰子，那就是「忠實同志」了。范老出獄後對我說：「我今後生活也要腐化一些了。」我問他怎麼「腐化」法呢？他說：「我想做件皮袍子穿穿，還要去逛逛公園。」我笑說：「你這樣腐化還不够呵！」他說：「別的腐化我不會呵！」說真的，在一九三六年以前（三六年後我離開北平），范老竟連一次電影也沒有看過，電影院是怎麼樣的也不知道。要不是他親口告訴我，簡直不能相信這是真事。

唐太宗論司馬懿

《晉書》是唐代房玄齡等修的，共一百卅卷，包括帝紀十卷，誌二十卷，列傳七十卷，載記三十卷。其中有四篇史評（司馬懿、司馬炎、陸機陸雲、王羲之）是李世民（唐太宗）親自寫的，用「制曰」以別於「史臣曰」。這四篇史評，特別是評司馬懿、司馬炎兩篇，實在寫得好，唐太宗作爲一個統一中國的唐代創業之主，總結了晉代治亂興亡的歷史經驗，對於奠定了西晉王朝基礎的司馬懿與完成統一事業的司馬炎（晉武帝），作出了他自己的評價。他指出了他們的功過得失，言簡意賅，貫徹了李世民自己治國平天下的思想，而文字的優美，在古漢語中亦可作爲典範。略摘數段於下：

他論司馬懿：

「觀其雄略內斷，英猷外決，殄公孫於百日，擒孟達於盈旬，自以兵動若神，謀無再計矣。既而擁衆西舉，與諸葛相持。抑其甲兵，本無鬥志；遺其巾幗，方發憤心。杖節當門，雄圖頓屈，請戰千里，詐欲示威。且秦蜀之人，勇懦非敵，夷險之路，勞逸不同，以此争功，其利可見。而返閉車固壘，莫敢争鋒，生怯實而未前，死疑虛而猶遁，良將之道，失在斯乎！」

這是評論司馬懿的將略，說他殲滅公孫淵、擒孟達真是用兵如神，謀無再算；但當與諸葛亮對壘時，却膽小得很，千里請戰，兵無鬥志。唐太宗認爲以當時的敵我形勢，客觀條件是完全可以打勝仗的。而司馬懿竟不敢争鋒，甚至諸葛已死他還懷疑是僞的而想遁走（「死諸葛能走生仲達」），這就够不上說是「良將」了！

下面評論司馬懿的政略：

「文帝之世，輔翼權重，許昌同蕭何之委，崇華甚霍光之寄。當謂竭誠盡節，伊傅可齊。及明帝將終，棟樑是屬，受遺二主，佐命三朝，既承忍死之托，曾無殉生之報。天子在外，內起甲兵，陵土未乾，遽相誅戮，貞臣之體，寧若此乎？」

這是諷刺司馬懿的不忠，說他受魏文帝曹丕、魏明帝曹睿兩朝囑托，同漢代的蕭何，霍光相似，而不能效忠如一，天子在外，內起甲兵，陵土未乾，誅戳殆盡，這就算不得是「忠臣」。

於是，總起來說：

「夫征討之策，豈東智而西愚？輔佐之心，何前忠而後亂？故晉明掩面，耻欺僞以成功，石勒肆言，笑奸回以定業。古人有云：『積善三年，知之者少，爲惡一日，聞於天下。』可不謂然乎！雖自隱過當年，而終見嗤後代，亦猶竊鐘掩耳，以衆人爲不聞，銳意盜金，謂市中如莫覩。故知貪於近者則遺遠，溺於利者則傷名，若不損己以益人，則當禍人而福己。順理而舉易爲力，背時而動難爲功。況以未成之晉基，逼有餘之魏祚。雖復道格區宇，德被蒼生，而天未啟時，寶位猶阻，非可以智競，不可以力爭，雖則慶流後昆，而身終於北面矣。」

這一段裏面，有兩個典故，要解釋一下。一是說「故晉明掩面，耻欺僞以成功。」這是指晉明帝（司馬紹）有一天問王導：先世怎麼取得天下的？王導就把司馬懿如何奪權和司馬昭篡位的經過告訴了他，明帝掩面說，「要是這樣，晉朝哪能維持長遠呢？」另一是：「石勒肆言，笑奸回以定業。」石勒是後趙的皇帝。他有一天問徐光說：「我可以比哪朝代的君主？」徐光拍馬屁說：「陛下神武勝過漢高帝（劉邦），雄略超越魏太祖（曹操），三王以來從未有過，只有軒轅黃帝可與比吧！」石勒笑說：「『人貴有自知之明』，你的話未免太過分了。我要遇到高帝（劉邦），當北面而事之，與韓信彭越爭先；要遇到光武，則與他爭一日之短長，未知鹿死誰手。至於像曹操司馬懿父子那樣，欺侮孤兒寡婦，用欺詐手段取得天下，我才看不起呢！」李世民用兩個典故說明司馬懿用陰謀權術取政權，不够光明磊落。雖然欺矇一時，而終遺笑後代。

說到司馬懿的奸詐，他實在比曹操更勝一籌。漢建安六年（二零一年），曹操爲司空，想要司馬懿出來做官。他看不起曹操，僞裝風癱，不能行動。曹操叫人日夜去偵察，司馬懿裝得很像，曹操毫無辦法。有一天司馬懿院子裏曬書，忽然下起暴雨來，他情不自禁的起來收書，被一個婢女所看見。司馬懿的老婆張春華怕婢女泄漏他裝病的秘密，竟殺以滅口。後來曹操做了丞相，又薦司馬懿爲「文學掾」（官名），曹操對使者說：「要是他不肯就，就把他逮捕起來。」司馬懿才不得已而就職。司馬懿第二次裝病是在曹操死了之後，正始九年（二四八年）曹芳稱帝，曹爽專橫跋扈，與司馬懿發生了摩擦。司馬懿決心除去曹爽，再一次裝病以麻痺曹爽，《晉書》上說：

「九年春三月，黃門張當私出掖庭才人石英等十一人，與曹爽爲伎人。爽、晏謂帝（司馬懿）疾篤，遂有無君之心，與當密謀，圖危社稷，期有日矣。帝亦潛爲之備。爽之徒屬亦頗疑帝。會河南尹李勝將涖荆州，來候帝。帝詐疾篤，使兩婢侍，持衣衣落，指口言渴。婢進粥，帝不持杯飲，粥皆流出霑胸。勝曰：『衆情謂明公舊風發動，何意尊體乃爾！』帝使聲氣寸屬，說『年老枕疾，死在旦夕。君當屈并州，并州近胡，善爲之備，恐不復相見，以子師、昭兄弟爲托』。勝曰：『當還忝本州，非并州。』帝乃錯亂其辭曰：『君方到并州，』勝復曰：『當忝荆州。』帝曰：『年老意荒，不解君言，今還爲本州，威德壯烈，好建功勳！』勝退告爽曰：『司馬公屍居餘氣，形神已離，不足慮矣。』他日，又言曰：『太傅不可復濟，令人愴然！』故爽等不復設備。」（見《晉書》帝紀第一，宣帝）

引文中的「帝」指司馬懿，其實，司馬懿根本沒有稱「帝」。「宣帝」這個廟號是他兒子司馬炎做了皇帝（晉武帝）以後追封的。

這一段話，「三國演義」所載，基本與《晉書》相同，描寫得很生動，較《晉書》爲通俗，摘引如下：

「却說曹爽嘗與何宴，鄧颺等畋獵，其弟曹羲諫曰：『兄威權太甚，而好出外遊獵，倘爲人所算，悔之無及。』爽叱曰：「兵權在吾手中，何懼之有？」司農桓範亦諫不聽。時魏主曹芳，改正始十年爲嘉平元年。曹爽一向專權，不知仲達（司馬懿）虛實。適魏主除李勝爲荆州刺史，即令李勝往辭仲達，就探消息。勝逕到太傅府中，早有門吏報入。司馬懿謂二子曰：『此乃曹爽使來探吾病之虛實也。』乃去冠披髮，上床擁被而坐；又令兩婢扶策，方請李勝入府。勝至床前拜曰：『一向不見太傅，誰想如此病重，今天子命某爲荆州刺史，特來拜辭。』懿佯答曰：『并州近朔方，好爲之備。』勝曰：『除荆州刺史，非并州也。』懿笑曰：『你方從并州來？』勝曰：『僅止荆州耳。』懿大笑曰：『你從荆州來也？』勝曰：『太傅爲何病得這等了？』左右：『太傅耳聾。』勝曰：『乞紙筆一用。』左右取紙筆與勝，勝寫畢，呈上，懿看之，笑曰：『吾病的耳聾了，此去保重。』言訖，以手指口，侍婢進湯，懿將口就之，湯流滿襟，乃作哽噎之聲曰：『吾今衰老病篤，死在旦夕矣，二子不肖，望君教之，君若見大將軍，千萬看覷二子！』言訖，倒在床上，聲嘶氣喘。李勝拜辭仲達，回見曹爽。細言其事，爽大喜曰：『此老若死，吾無憂矣。』」（見《三國演義》第一百零六回「司馬懿詐病賺曹爽」）

你看，司馬懿裝病裝得多麼逼真，簡直可以當一名好演員。曹爽被他們麻痺，不爲設防，過了幾天終於爲司馬懿起兵所殺，於是魏國的政權完全歸於司馬一家了。

唐太宗對於司馬懿這種用奸詐手段取得政權的做法，當然是看不起的。不過，李世民說，司馬懿也終於没有當上皇帝，這是由於時機尚未成熟，「非可以智競，不可以力爭」，雖然他爲子孫創立了晉朝，而終司馬懿之世，還是稱臣於魏。對於這一點，唐太宗没有表示態度，究竟司馬懿做得對還是不對，他只是說，時機還没有成熟，（「以未成之晉基，逼有餘之魏祚」「天未啟時，寶位猶阻」），但以唐太宗的地位來說，他自己是佐唐高祖（李淵）成帝業的，而司馬懿却等到他的孫子（司馬炎）才建立了晉朝，未免稍遜一籌了。

唐太宗論司馬炎

司馬炎是司馬昭的兒子，也是司馬懿的孫子。這是西晉的第一個皇帝，即晉武帝。晉武帝統一了中國，平吳之後，正式稱帝，建立了晉皇朝。但他在平吳之後，就縱情聲色，怠於政事，寵愛后黨，親貴當權，明知惠帝不能擔當大事，也沒有決心廢立，終於傳不二世，就使西晉滅亡。西晉雖亡於惠帝，而禍根實種於武帝。唐太宗對司馬炎的評論說：

「武皇承基，誕膺天命，握圖御宇，敷化導民，以佚代勞，以治易亂。絕縑綸之貢，去雕琢之飾，制奢俗以變儉約，止澆風而返淳樸。雅好直言，留心採擢，劉毅、裴楷以質直見容，嵇紹、許奇雖仇讎不棄。仁以寬物，寬而得衆，宏略大度，有帝王之量焉。於時民和俗靜，家給人足，聿修武用，思啟封疆。決神算於深衷，斷雄圖於儀表。馬隆西伐，王濬南征，師不延時，獯虜削跡，兵無血刃，楊越爲墟。通上代之不通，服前王之未服，禎祥顯應，風教肅清，天人之功成矣，霸王之業大矣。」

這一段都是說司馬炎在初期的確是非常英明的，厲行節約，雅好直言，寬宏大量，容納正人，明達善謀，能斷大事，有帝王的風度，因而統一了中國，「通上代之不通，服前王之未服」，成霸王的大業。關於晉武帝容納直臣，唐太宗舉劉毅、裴楷爲例。

劉毅是晉武帝的臣下，有一天武帝問劉毅說：「我可以比漢朝哪個皇帝？」劉毅：「可以與桓帝、靈帝比。」（桓、靈是東漢末的昏君）武帝說：「我雖然德不及古人，然克己爲政，而且平了東吳，統一了天下，把我比之於桓帝、靈帝，未免太過了吧！」劉毅說：「桓、靈賣官得的錢，歸之國庫，你賣官得的錢，歸之私房，這樣看來，你還不如桓、靈。」武帝大笑說：「桓、靈的時候，不會聽到你這種話，現在有你這樣的直臣，這就是我與桓、靈的不同處。」

關於晉武帝不記仇讎的事，他以許奇爲例。許奇是許允的兒子，許允爲晉武帝的父親司馬昭所殺。許奇在武帝時當「太常丞」，有一次晉武帝到太廟去行祭禮，左右以奇有殺父之仇，不宜接近武帝，請出爲長史。武帝乃向左右追述許允的聲望，讚賞許奇的才具，並擢升爲祠部郎。

因此，唐太宗說晉武帝「宏略大度，有帝王之量」。但當晉武帝統一了中國以後，他就變質了。唐太宗說：

「雖登封之禮，讓而不爲，驕泰之心，因斯以起。見土地之廣，謂萬葉而無虞，覩天下之安，謂千年而永治。不知處廣以思狹，則廣可長廣；居治而忘危，則治無長治。加之建立非所，委寄失才，志欲就於升平，行先迎於禍亂。……況以新集易動之基，而無久安難拔之慮，故賈充凶竪，懷姦志以擁權，楊駿豺狼，苞禍心以專輔。及乎宮車晚出，諒闇未周，藩翰變親以成疏，連兵竟滅其本，棟樑回忠而起僞，擁衆各舉其威。曾未數年，綱紀大亂，海內版蕩，宗廟播遷。帝道王猷，反居文身之俗，神州赤縣，翻成被髮之鄉。棄所大以資人，掩其小而自抵，爲天下笑，其故何哉！良由失慎於前，所以貽患於後。且知子者賢父，知臣者明君。子不肖則家亡，臣不忠則國亂，國亂不可以安也，家亡不可以全也。是以君子防其始，聖人閒其端。而世祖惑荀勖之姦謀，迷王渾之僞策，心屢移於衆口，事不定於己圖，元海當除而不除，卒令擾亂區夏；惠帝可廢而不廢，終使傾覆洪基。夫全一人者德之輕，拯天下者功之重，棄一子者忍之小，安社稷者孝之大。況乎資三世而成業，延二孽以喪之，所謂取輕德而捨重功，畏小忍而忘大孝。聖賢之道，豈若斯乎。雖則善始於初，而乖令終於末，所以殷勤史策，不能無慷慨焉。」（見《晉書》卷三）

這是非常正確的評價。晉武帝統一了中國之後，「驕泰之心，由此而起」，認爲土地這麼廣大，可以萬世無虞，天下太平，可以千年永治。安不思危，樂而忘憂，耽於遊宴，「羊車」的故事，不就是晉武帝嗎！史書上說：「武帝多內寵，平吳之後，復納孫皓宮人數千，自此掖庭殆及萬人，而至寵者甚衆，帝莫知所適，常乘羊車，恣其所之，至便宴寢。宮人乃取竹葉插户，以鹽汁灑地，而引帝車」（見《晉書》列傳第一）。荒淫還不說，帝王没有一個不荒淫的；更重要的是晉武帝只遊宴安樂，没有深謀遠慮，缺乏一套建國的方針大計。唐太宗認爲晉武帝最大的失策有二：一是「元海當除而不除，卒令擾亂區夏」；二是「惠帝可廢而不廢，終使傾覆洪基」。元海就是劉淵，他是匈奴族，冒頓的後代。公元前五十二年（漢宣武甘露二年）匈奴呼韓邪單于所部五千餘來降，東漢光武帝使單于入居西河郡美稷縣（今山西離石縣東北）。匈奴人爲漢守邊，分散在沿邊各郡縣，與漢人雜處，受漢官統治。此後户口繁殖，曹操分匈奴爲左右南北中五部，立「呼韓邪」子孫（魏時改姓劉）爲「部帥」。晉武帝改「部帥」爲「都尉」。劉氏所統匈奴人不下三萬户，再加其他內附的匈奴部屬，總數當有數十萬人。匈奴人居塞內日久，接受漢族文化，匈奴人亦改用漢姓，並採用漢語。劉淵就是一個漢化的匈奴人。他習易、詩、禮三經，尤好春秋左傳及孫吳兵法，並博覽史記及漢書，諸子書，文學武事，無不精通。晉武帝時，劉淵經王渾介紹給武帝，武帝非常賞識，說「劉元海容儀機鑒，雖由余、日磾無以過也」。後武帝授以兵權，頗加寵信，司馬攸、孔恂、楊珧都曾建議武帝，說劉淵雄才大略，心懷大志，如不除掉，一定爲國大患。晉武帝不聽。後來亡西晉的，果然就是這個劉淵，三零八年（晉永嘉二年），劉淵稱帝，自稱漢高祖的後代，改國號爲「漢」（後改稱「趙」）。所以唐太宗認爲晉武帝不殺劉淵是最大的失策。其實，以西晉統治集團之腐敗，對異民族剥削和壓迫的殘暴，即使沒有劉元海，他們還是要造反的，西晉八王之亂以後，漢族人民還來不及從流亡發展爲起義的時候，入境諸異民族就以匈奴劉姓貴族爲首，發動了反晉戰爭，這樣，戰爭的性質就成爲各族統治階級間的争奪戰，造成了長期分裂割據的局面（五胡十六國），這是歷史的必然性。唐太宗認爲只要把劉元海殺掉就不會發生西晉的覆亡，這種唯心史觀的說法，未免把個人作用估計得太大了。我們認爲：只要西晉統治集團內部團結，政局穩定，劉元海即使有野心，也都不敢輕於發動反晉戰争的。

至於「惠帝可廢而不廢」這一點確實是晉武帝的失策。惠帝是一個白痴，當立爲太子時，朝臣就都知道他不堪大事，武帝也未嘗不知道。衛瓘有一次在宴會時，假裝醉酒，跪在武帝床前，說：「臣有話想說。」武帝問他想說什麼，瓘欲言又止者三，最後用手撫床說：「此座可惜。」武帝明白他的意思了，故意說：「你真喝醉了嗎？」衛瓘再也不敢說了。但武帝終於沒有把太子廢掉，立了這個歷史上有名的「民饑何不食肉糜」的白痴皇帝，他的皇后也是歷史上有名的殘忍淫蕩的賈皇后。皇帝是白痴，政權就掌握在皇后手裏。她挑起了八王之亂，結果自己也在八王之亂中送了命。所以唐太宗說：「知子者賢父，知臣者明君，子不肖則家亡，臣不忠則國亂」。「惠帝可廢而不廢，終使傾覆洪基⋯⋯棄一子者忍之小，安社稷者孝之大，况乎資三世而成業，延兩孽以喪之，所謂取輕德而捨重功，畏小忍而忘大孝，聖賢之道，其若斯乎！」

西晉積了三世的慘泊經營（司馬懿、司馬昭、司馬炎）才成了帝業，而到了第二代惠帝就亡了國。「以新集易動之基，而無久安難拔之虞」，「雖則善始於初，而乖令終於末，所以殷勤史策，不能無慷慨焉」。這就是唐太宗對晉武帝的評論，也是他從西晉興亡中所得到的歷史教訓。歷史上不少雄才大略的君主，創基立業，建立不世的功勛，而創業以後，勝利衝昏了頭腦，(「驕泰之心，由此而起」）對於如何建設一個新國家，没有深謀遠慮，終至身敗名裂，爲後人恥笑的，又何止一個司馬炎呢！

「一族二后，未嘗以全」

晉武帝的皇后楊艷，甚得武帝寵愛，白痴皇帝惠帝即其所生子。楊后病篤，見武帝素幸胡夫人，恐她死後立胡夫人爲皇后，不利於太子。臨終，枕武帝膝曰：「叔父駿女男胤有德、色，願陛下以備六宮。」武帝聽了她的話，故於楊艷死後納楊駿的女兒楊芷（小名男胤）爲皇后。楊芷是楊艷的從妹，所以楊氏一家有兩個皇后。楊駿因此權勢無比。當晉武帝病危時，詔令以汝南王司馬充與楊駿同輔王室（即所謂「顧命大臣」）。楊駿把詔書藏了起來，改爲他一個人輔政，以固權寵。楊駿不學無術，剛愎自用，很不得民心。

楊駿有一弟弟名楊珧，歷任尚書令，衛將軍，素有名望，很得晉武帝的信任。他的時望還超過楊駿。當晉武帝聘芷爲皇后時，他就上書說：「歷觀古今，一族有兩個皇后，從沒有好結果的，往往會覆宗滅族。請以我這個表文存在皇帝的檔案室裏，將來如應了我的話，不要連累到我。」晉武帝答應了。

到了晉惠帝永平元年（二九一年）起了八王之亂，楊駿果然被殺，他的弟弟楊珧，楊濟亦一同遇難。臨刑時，楊珧叫冤說：「我早有表文，存檔案室裏，你們可問張華。」而賈氏族黨（晉惠帝的皇后姓賈）恨楊家如仇，還是把他殺害了。因此《晉書》上說：「括母以明智全身，會昆以先言獲宥，文據（楊珧字）識同曩烈，而罰異昔人，悲夫！」（這就是說趙括的母親與鍾會的兄弟都因有言在先，得以免罪，而楊珧雖亦有先見之明，仍不免被殺，太可悲了。）

楊珧當選后時便說過「一族有兩個皇后，未有不覆宗滅族的。」這不能不說是有先見之明了，但其結果仍不免於身死族滅。這裏我要套用李世民（唐太宗）評論陸機陸雲的兩句話：「其天意也，豈人事乎！」

變態性心理與殘虐狂

讀《晉書》卷三十八列傳八記司馬懿的兒子司馬榦：「前後愛妾死，既斂，輒不釘棺，置後空室中，數日一發視，或行淫穢，須其屍壞乃葬之。」愛妾死了不葬，還要姦污屍體，直到腐爛而後已，這是一種變態性心理，爲常理所不能解釋的。然而這個司馬榦居然享年八十歲，可見沒有受到細菌的感染。

真是無獨有偶，五胡十六國的後燕主慕容熙與司馬榦有同樣的癖好。史載慕容熙的皇后苻氏死後，熙悲痛哀號，如喪考妣，「擁其屍而撫三日，體已就冷，命遂斷矣，於是僵仆氣絕，久而乃蘇。大斂既訖，復啟其棺而與交接。」（見《晉書》載記第二十四）。更妙的慕容熙還命有司檢視官員，哭苻后有淚的以爲忠孝，無淚的治罪。「於是群臣震懼，莫不含辛以爲淚焉！」（「辛」大概是薑，放在眼內、會出淚水）這與南朝的宋武帝貴妃死後，以哭封官，如出一轍。中國歷史上的昏君，真是無奇不有！

又《晉書》載後趙石虎的兒子石邃：

「邃自總萬揆後，荒酒淫色，驕恣無道……妝飾宮人美淑者，斬首洗血，置於盤上，傳共觀之。又內（同納）諸比丘尼有姿色者，與其交褻而殺之，合牛羊肉煮而食之，亦賜左右，欲以識其味也。」（見《晉書》卷一百六，載記第六，石季龍上）

這是一種變態性心理與殘虐狂相結合的典型例證。石邃是羯族，五胡亂華的五胡之一，後爲其父石虎所殺。奴隸社會或封建社會一向是不把女子當人看待的，但像石虎父子這樣殘暴淫虐，以殺人爲兒戲的在歷史上亦是罕見的。

女人的魅力

——羊后與萬貴妃

讀「隨園詩話」卷二有一則說：

「羊后答劉曜語，輕薄司馬兒。再醮之婦，媚其後夫，所謂閨房之內，更有甚於畫眉者，床第之言不踰閾，史官何以知之？」

按這裏所說的羊后，就是晉惠帝的皇后，羊玄之的女兒羊獻容，後爲劉曜(前趙)所俘獲，又被立爲劉曜的皇后。晉惠帝是我國歷史上有名的白痴，他曾有「民饑何不食肉糜」（老百姓沒有飯吃，幹嗎不吃肉呢？）的「名言」傳世。惠帝的第一個皇后是賈后，賈后淫亂凶殘，亦爲史所罕見。她把年輕貌美的小伙子用籮筐偷運進宮，滿足了她的肉慾之後，再把他們殺掉以滅口；又挑起了晉代八王之亂，最後她自己也終於死在八王之亂中。惠帝再立羊獻容爲后，這是永康元年（紀元三零零年）的事。永興三年（三零四年）這個白痴皇帝被毒死。永嘉五年（三一一年）匈奴族劉聰的兵攻入洛陽，羊后被劉聰的大將劉曜所俘，做了劉曜的老婆。三一九年劉曜稱帝，改國號爲前趙，又立羊氏爲皇后。有一天劉曜問羊后說：「我比司馬家兒（指晉惠帝）如何？」羊后答：「他怎麼比得了您呢？您是開國的君主，他是亡國的昏君。他貴爲帝王連一妻一子也保護不了，我在那時以爲天下男子，都像他那樣不中用，真不願活，想不到嫁了你，才知道世間自有大丈夫。」（見《晉書》列傳第一，后妃上）。劉曜是匈奴族，史載他身高九尺三寸（當時的尺碼比現在小，但合現在亦當達二米左右），儀觀魁偉，英勇善戰，與白痴的惠帝自不可同日而語。

袁枚所感到不解的是羊后與劉曜閨房內的私話，史官怎麼會知道。

我感到驚異的是羊后的魔力的驚人。按羊后第一次立爲晉惠帝的皇后是紀元三零零年，姑且算她十五六歲吧，她第二次被劉曜立爲皇后是三一九年，即在十九年之後，那時她已經三十五六歲了。劉曜好色，妃嬪姬妾，動以千百計（當時後宮，多以萬數），而他最寵愛的竟是這個半老徐娘的羊獻容。晉史載「羊氏内有特寵，外參朝政」。還給劉曜生了三個兒子，其中一個立爲太子。

女人的魔力，真有些不可思議！

於此，我又聯想起明憲宗的萬貴妃來。

讀《明史》后妃列傳：

「恭肅貴妃萬氏，諸城人，四歲選入掖庭爲孫太后宮女。及長，侍憲宗於東宮，憲宗年十六即位，妃已三十有五。性機警，善迎帝意，遂讒廢皇后吳氏。六宮稀得進御。帝每遊幸，妃戎服前驅。成化二年生皇第一子，帝大喜，遣中使祀諸山川，遂封貴妃。皇子未期薨，妃自是亦不復娠矣。當是時，帝未有子，……妃益驕，中官用事者，一忤意，立見斥逐。掖庭御幸有身。飲藥傷墜者無數。孝宗之生，頂寸許無髮，或曰藥所中也。紀淑妃之死，實妃爲之。」（《明史》卷一百十三，列傳第一）。

這個萬貴妃，當時真是權傾中外。但她比憲宗年長十九歲。幾乎可以做憲宗的母親。而明憲宗對她言聽計從，寵愛無比。她奇妒殘忍，後宮懷孕的多被迫服藥打胎，雖然憲宗還沒有兒子。有一妃子姓紀，廣西賀縣人，本蠻土宮女，成化中征蠻被俘，沒入宮中，通文字，管宮内庫房。某日憲宗去庫房，見紀妃，與她發生關係，就懷了孕。萬貴妃知後憤極，叫宮婢查究此事。宮婢報說鼓脹病，把紀妃打入冷宮。後來生了兒子（即明孝宗），紀妃叫門監張敏把嬰兒溺死，張敏說：「皇上無子，怎麼可以不要呢！」偷偷地把孩子養了起來。萬貴妃常派人偵查，亦未被發現。孩子長到五六歲，未敢剪髮。憲宗因無兒子，一直悶悶不樂，成化十一年憲宗叫張敏梳頭，對着鏡子說：「唉，我年老而無子！」張敏說：「皇上有兒子。」太監懷恩證實了張敏的話說：「皇子偷養在西內（宮名），今已六歲，匿不敢報。」帝大喜，即去西內，遣使迎接皇子。使至，紀妃抱着皇子哭道：「兒去，我不得活。兒見穿黃有鬚的就是你的父親。」於是把皇子穿上緋袍，乘小轎，送了進去，髮長披地，憲宗把他抱到懷裏，撫視良久，悲喜泣下說：「真像我，是我的兒子。」使懷恩告知內閣，羣臣大喜入賀。紀妃亦移居永壽宮，數召見。萬貴妃日夜悲怨說：「我被這輩小人所賣了。」這年六月，紀妃暴死，大家都知道她是被萬貴妃毒死的，張敏害怕，也吞金自殺。皇子因送皇太后監護，未遭毒手，就是後來即位爲明孝宗的朱祐樘。

試看，萬貴妃竟能擅作威福至于此極！一般地說，帝皇寵愛妃子，無非因其年輕貌美，傾國傾城，而萬貴妃比憲宗大十九歲，憲宗與她結合時，她已三十多歲，當成化十一年時，萬貴妃已經是四十五歲的老太婆了，還能玩弄憲宗於股掌之上，作威作福，甚至把孝宗的生身母害死而莫敢誰何，其權勢可謂大矣！

女人的魔力，真有些不可思議！

賈后——晉代的「江青」

江青一心想做吕后和武則天，無奈畫虎不成反類犬，女皇帝没有做到，反而作爲「歷史反革命」和「現行反革命」的雙料反革命分子被掃進垃圾堆了。武則天在中國歷史上是一個了不起的人物，范文瀾先生在《中國通史簡編》上把她列爲明主，這是很公允的評價。以江青的才具與氣度，比之武則天，豈僅是犬虎之别，簡直一個是泥鰍，一個是大鯨，亦徒見其不自量而已。

江青篡取了黨和國家的領導崗位將近十年之久（一九六六－一九七六），其對中國人民危害之深，流毒之廣，在中外古今的歷史上是找不出第二個人可以與之比擬的。她迫害革命老幹部，翻成古文就是「殘害忠良」，在我國歷史上只有妲己可以與之相比。但妲己亦不過剖比干，囚箕子而已。《史記》載：

「紂愈淫亂不止，微子數諫不聽，乃與太師、少師謀，遂去。比干曰：『爲人臣者，不得不以死爭』，乃强諫紂。紂怒曰：『吾聞聖人心有七竅。』剖比干，觀其心。箕子懼，乃佯狂爲奴，紂又囚之。」（見《史記》殷本紀）

江青迫害的老幹部却不是一二個，而是一大片。她把在新民主主義革命中做出過貢獻，建立豐功偉績的革命老幹部統統稱之爲「黨内走資派」，而「黨内走資派」在社會主義革命階段就是「反革命」。打倒一大片，其罪惡實在遠過於妲己。

江青的淫蕩無耻，在中國歷史上只有晉惠帝的賈后差可與之相比擬，賈后把年輕貌美的小伙子弄進宮裏去，滿足了她的肉慾以後，隨即殺掉以滅口，只有一個小吏，因爲長得太俊美了，賈后不忍殺，並贈以華美的衣物放了出來。我們看史書上是怎麼記載的：

「妃性酷虐，嘗手殺數人，或以戟擲孕妾，子隨刃墮地。……后遂荒淫放恣，與太醫令程據等亂彰內外。洛南有盜尉部小吏，端麗美容止，既給厮役，忽有非常衣服，衆咸疑其竊盜，尉嫌而辨之。賈后疏親，欲求盜物，往聽對辭。小吏云：『先行逢一老嫗，說家有疾病，師卜云宜得城南少年厭之，欲暫相煩，必有重報。於是隨去，上車下帷，納簏箱中，行可十餘里，過六七門限，開簏箱，忽見樓闕好屋。問此是何處，云是天上，即以香湯沐浴，好衣美食，將入，見一婦人，年可三十五六，短形青黑色，眉後有疵，見留數夕，共寢歡宴，臨出贈此衣物。』聽者聞其形狀，知是賈后，慚笑而去，尉亦解意。時他人入者多死，惟此小吏，以后愛之，得全而出。」（《晉書》卷卅一，列傳第一）。

到了二十世紀七十年代，江青當然用不到像賈后那樣費事了。她一個電話就可以把「面首」深夜叫進別墅去，陪她睡覺。而所贈的亦不是「非常衣服」，而是「部長」，「主任」的高官厚祿。但江青殺人滅口的事是經常幹的，不過她所殺的不是「面首」，而是知道她骯髒歷史的知情人物。據一九七七年六月三日人民日報載，僅上海一地因瞭解和揭發江青歷史情況而被打成「現行反革命」就達數萬人之多。（全國有多少，還不知道。）有的已經死在獄中，如果江青不打倒，這幾萬人現在還在冤獄之中。這就是中國「無產階級專政」的實踐！

賈后是挑起了西晉八王之亂的罪魁禍首，同時自己也被八王之一的司馬倫所殺害。史書記載說：

晉武帝（司馬炎）臨死，遺詔以汝南王亮（司馬亮，司馬懿的兒子，武帝的叔父）與楊駿（武帝的后父）共同輔政。楊駿把詔書藏匿起來，矯令司馬亮出鎮許昌。惠帝即位以後，賈后專政。賈后與楊太後(晉武帝的皇后，即楊駿的女兒)有隙，賈后殺了楊駿，叫司馬亮與衛瓘同輔政。司馬亮與楚王司馬瑋（武帝第五子，惠帝之弟）不睦，司馬瑋誣司馬亮與衛瓘有廢立的陰謀，賈后教惠帝下詔令司馬瑋殺司馬亮與衛瓘，然後又坐司馬瑋以擅殺司馬亮與衛瓘的罪名，殺了司馬瑋。司馬瑋明明是奉了皇帝的詔書殺了司馬亮和衛瓘的，現在卻以擅殺之罪而被殺，真是黑天冤枉。賈后一舉而去了三個政治上的勁敵。從此以後，賈后更橫行無忌，無惡不作，她廢了太子遹（惠帝長子，非賈后所生），殺了楊太后。時趙王司馬倫（司馬懿第九子，惠帝的叔祖）在京師，一向諂事賈后。司馬倫的親信孫秀對司馬倫說，外間流言，說太子遹之廢，你是參與其謀的，宜廢賈后以明心跡。孫秀教司馬倫先唆使賈后殺了太子，然後以爲太子復仇之名，起兵殺賈后，這樣就一箭雙鵰，既除了太子，又除了賈后。賈后果然殺了太子，於是司馬倫與齊王司馬冏（司馬攸之子，惠帝的從弟）矯詔率兵入宮，廢了賈后，隨即把賈后賜死。這個淫蕩狠毒的賈后，從此結束了她可耻的一生。

「四人幫」揪出來後，外間流傳說，張春橋交代，他們打算利用江青取得政權以後，再把江青殺掉以平民憤。這不知是不是真的，但不是沒有可能的。如果是那樣的話，江青與賈后的遭遇真太相似了。

司馬倫與司馬冏殺賈后的辦法，其實是師承賈后自己的。賈后先叫司馬瑋殺司馬亮與衛瓘，然後以擅殺亮、瓘罪名處死司馬瑋；現在司馬倫即以其人之道還治其身，他們嗾使賈后殺了太子，然後以爲太子復仇的名義殺了賈后，這叫做一報還一報，天理昭彰，分毫不爽。

江青是靠幫派上台的，她拉這一派打那一派，從中漁利，一步一步往上爬。她本是林彪的一夥，林彪垮台，她又與張春橋結成黑幫，一變而爲反林的英雄。翻手爲雲，覆手爲雨，是她的拿手好戲。她是「五・一六」反周總理的後台，在批鬥「五・一六」分子中，她又翻身一變而爲整「五・一六」的好漢。江青一心想倣效呂后與武則天，其實她的祖師爺不是呂后與武則天，而是晉代的賈后。

當然，歷史的對比終是有它的局限性的，江青與賈后，同樣的荒淫與無耻，同樣的喜歡玩弄陰謀權術，同樣的得不到好下場，這都是其相同之處。另一方面，賈后是中國歷史上有名的白痴皇帝晉惠帝的皇后；而江青則是「偉大領袖」毛主席的夫人。賈后挑起了八王之亂終於使西晉亡了國，而江青的篡黨奪權陰謀却被中共領導人所粉碎，使我國得以避免一次大分裂、大倒退，亡黨亡國的大危機。但是「四人幫」所造成的禍害却無法可以補救。還有賈后是被趙王司馬倫用白痴皇帝的假詔書所賜死的，而「四人幫」則在毛澤東逝世之後才打倒的，毛澤東如果還健在的話，爲了投鼠忌器，「四人幫」還要繼續爲非作惡下去，這又是兩者不同之處。

在封建社會，皇后亂政是數見不鮮的，遠之如妲己褒姒，近之如慈禧，一部二十四史中，由於昏君寵愛后妃，亡國亡身者比比皆是。在資本主義社會，這種事情就不可能發生了。資本主義國家的第一夫人利用丈夫權勢發財致富是有的（如菲律賓的馬可斯夫人），篡奪政權則未之前聞，因爲他們的總統或總理是定期改選而不是世襲的。

賈后的事件發生在公元三世紀末，江青的事件則出現於二十世紀七十年代，相距約一千六七百年。后妃亂政的歷史居然在二十世紀的中國重演一次，真是歷史的悲劇。但願這是我國歷史上的最後一次！

不瞭解中國二千多年的封建社會的歷史，就不可能瞭解今天的中國，這又是一個證明。

北魏子立母死的制度

漢武帝將立弗陵（昭帝）爲太子，因其年幼，先賜他母親鉤弋夫人死。過幾天，漢武帝問左右說：「外間有什麼議論嗎？」左右答道：「有人說，既立其子，爲什麼要殺其母呢？」武帝說：「這就不是你們這些庸才所能理解的了。往古國家之所以亂，多由帝幼母壯而起。女主獨居淫亂，誰敢制止，吕后不是一個例證嗎！正因爲立其子才必須殺母呵！」

北魏（三八六—五三四年）鮮卑族，是晉代南北朝時期的主要國家之一，魏太祖拓跋珪（後於四九六年改「拓跋」姓爲「元」，故亦稱元魏）竟把子立必須殺母定爲一種不成文的制度（古文稱「故事」）。史載拓跋珪將立齊王嗣爲太子，先賜嗣的母親劉貴人死。他對拓跋嗣說：「漢武帝殺鉤弋夫人，以防母后專政，國家爲亂，我現在立你爲太子，也要效法古人，以爲國家久長之計。」拓跋嗣性孝，哀哭不已。魏太祖大怒，嗣回到宮裏，日夜號泣，太祖要召見他，部下對嗣說：「皇上大怒，去將不測，不如到外面暫時避一下。」拓跋嗣就躲了起來。

正當拓跋嗣躲避在外時，魏太祖被他自己另一個兒子拓跋紹所殺死了。拓跋嗣得知消息後，起兵殺紹和他的母親，即位爲魏太宗（魏明元帝）。

魏太宗立拓跋燾爲太子，亦把燾母杜貴嬪賜死。等到拓跋燾做了皇帝（魏世祖），才追贈杜貴嬪爲密皇后，世祖轉奉乳母竇氏爲皇太后。文成帝拓跋濬妃李氏，初爲宮嬪，生獻文帝弘，將立爲太子，馮太后依例賜李氏死。孝文帝元宏（魏自孝文帝起改姓爲「元」），妃林氏，生太子恂，孝文性寬厚，不忍賜林妃死，卒以制度難違，仍遵馮太后旨賜死。總之，北魏子立母死已形成一條不成文的法律，誰也不敢不照辦。

到了魏世宗（元恪）才把這條慘無人道的舊例打破了，但元魏亦由此而亡國，這真是怪事！魏世宗生子元翊，翊的生母名胡充華。當胡氏初入宮時，同列（妃嬪）祝之曰：「願你生諸王、公主，不要生太子。」因爲生太子是要賜死的。但胡充華說：「我的志趣與你們不同，爲什麼怕一身之死而使國家無接代的人呢！」當胡氏懷孕後，別人又勸他打胎，充華不同意，私下發誓說：「願生男立爲太子，死所不惜。」後果生了元翊（五一零年）。五一二年元翊立爲太子，這次魏世宗没有賜胡充華死，這在北魏歷史上是破天荒第一次，但也是最後一次。

五一五年魏世宗死，元翊即位爲帝，是爲魏孝明帝，年僅五歲。胡充華以母后身份臨朝聽政，這時胡太后年不滿三十歲，她恣行淫亂，搞了一個又一個的「面首」，到了五二八年，孝明帝年已十九歲，胡太后怕自己的醜行爲明帝所知，同時明帝亦愈來愈不滿其母親之所爲，母子之間，矛盾愈來愈尖銳。胡太后終於與鄭儼（她的姘夫之一）合謀將親生兒子明帝毒死，不久胡太后亦爲大將爾朱榮沉入江中，而北魏也由此亡國。

本來，子立母死是慘無人道的不合理制度，但一旦變改了這個制度，就立刻破家亡國，如響斯應，這真是很難理解的事。舊史家（如清之趙翼）認爲這是矯枉過正的報應。他說：「子貴母死，本屬矯枉過正……大悖於孝治天下之義，何以君臨天下，卒以防患雖嚴，而偶一破例，前此數代之冤禍，即於此一人報之，馴至破家亡國，是知滅絕天性以防禍者，未有不召禍也。」（見「陔餘叢考」卷十六）。

趙翼此論，實不合邏輯。「子立母死」既然是滅絶人性的惡例，要報應的話，應該報應在執行這一制度的人身上，不應該報應在取消這一惡例的人身上。報應說實在太牽强了！

我認爲，問題根本不在「子立母死」這一惡例之應否廢除，而在於封建皇朝奪權鬥爭本身的殘酷性。即令魏世宗照例賜胡充華死，魏明帝元翊是否不會被殺，北魏是否不會亡國，也是一個問題。當然，如果是那樣的話，殺元翊的不會是胡太后罷了。北魏君主是没有幾個得以善終的，魏太祖拓跋珪被殺於其子紹，獻文帝拓跋弘被殺於馮太后，魏世祖拓跋燾及拓跋余被殺於太監宗愛，孝明帝元翊被殺於其母胡太后。綜計自魏太祖到魏孝明九個皇帝中，有六人不得善終，其餘的終年亦不過二三十歲（兩人三十三歲，一人卅二歲，一人二十六歲）。其原因是歷代皇帝（尤以南北朝爲甚）皆早婚，（魏宣武帝十五歲生明元帝，景穆太子十三歲生文成帝，文成十五歲生獻文帝，獻文十三歲生孝文帝，北齊後主緯十四歲生子恒，緯弟儼被誅時年十四，已有遺腹子四人。）妃嬪衆多，荒淫無度，到二三十歲便已早衰以至死亡，幼主登基不是太后臨朝便是權臣或太監專政。孝明帝元翊即位年僅五歲，即令胡太后已賜死也不可能親自執政。所以元魏之覆亡與元翊之被殺決不能歸咎於胡充華之未賜死，過去幾代立子殺母的皇帝也並不因此而免於被別人所殺。想用子立母死的制度來防止母后專政，並不能防止亡國滅家。這只能說明封建王朝的慘無人道而已！

北魏武帝的被殺

魏武帝拓跋珪是北魏的開國君主。他留下了一條「立子殺母」的不成文法。(即立了太子就要把太子的生身母殺掉。)但他自己也是爲兒子所殺的。

史載拓跋珪有一次去賀蘭部，見賀太后的妹妹(即他的姨母)長得很漂亮，他對賀太后說要娶她。太后說：「這不可以，太美的人，必有大惡。況且她是有丈夫的，你怎麼可以娶她呢！」拓跋珪不聽，叫人把她丈夫殺了，娶過來，生子紹，封清河王。拓跋紹兇狠無賴、喜輕遊里巷、劫殺行人以爲樂。魏武帝大怒，曾把紹倒掛在井裏，將死，才放了出來。

有一次，魏武帝譴責賀夫人，把她囚禁起來，要處死她，因天晚還沒有執行。賀夫人秘密送信給紹說：「你快來救我。」紹這時才十六歲，夜裏與部下勾通宮裏太監，跳牆進去，到了天安殿，左右驚呼有賊，魏武帝驚起，來不及拿武器，就被紹所殺了。年僅三十九歲。

不久，拓跋紹與其母賀氏也被太子齊王拓跋嗣所殺。

這叫一報還一報，魏武帝殺了賀夫人的丈夫而娶爲妃子，他自己終於也被賀夫人的親生子所殺。

以哭封官

南北朝時，宋武帝殷貴妃死，武帝既葬貴妃，多次同群臣到她的墓地。武帝對秦郡太守劉德願說：「你哭貴妃，哭得悲痛當有賞。」德願應聲痛哭，涕泗交流。武帝很高興，立即提升他爲豫州刺史。武帝又令醫生羊志哭貴妃，羊志也嗚咽流涕，極悲痛之能事。過幾天有人問羊志說：「你哪兒來的這副急眼淚？」羊志答道：「我哪裏是哭貴妃，我哭自己死去的愛妾呢！」

（見《資治通鑑》，宋紀十一）

王景文的涵養

南北朝時宋明帝劉彧的皇后是楊州刺史江安懿侯王景文的妹妹。四七二年明帝病危，怕自己死後，王景文以元舅之尊，必爲宰相，門族强盛，或有野心。乃派人送毒藥賜景文死。敕令說：「爲了保全你的門户，故有此處分。」皇帝的敕令送到時，王景文正同客人下圍棋。他看了敕令後，把它放下，神色不變，繼續與客下棋，正爭奪一個「劫」（圍棋術語）。待棋下畢，把棋子放在盒裏，才把敕令給客人們看，説：「奉旨賜我死。」有中直兵焦度，趙智略憤怒説：「大丈夫哪能坐着等死，州中文武數百，可以拼一下。」王景文說：「知你們關心，若見愛的話，請爲我家百口着想。」於是寫好答謝皇帝的覆信，從容服毒而死。(見《資治通鑑》卷一百三十三，宋紀十五）。

其實，這個宋明帝真是個荒唐的昏君，有一次他在宮中舉行宴會，叫宮女們赤身裸體以爲笑樂。王皇后以扇遮面不肯看，昏君大怒說：「真是小家氣，現在大家玩樂，你幹嗎不看呢？」王后說：「玩樂的方法很多，哪有姑姐妹一起而把女人衣服脱光以爲笑樂的呢？外面玩樂的事，與這可不一樣。」宋明帝大怒。把皇后攆了出去。王景文知道後說：「我妹子在家時很懦弱，想不到有這樣剛正。」（見《資治通鑑》卷一三二宋紀十四）

石虎父子的殘暴

石虎是晉代五胡亂華之一（羯族），爲五胡十六國中最殘暴的一個統治者。像這樣慘無人性的魔王，即在封建帝皇中也是罕見的。石虎自篡取後趙的政權以後，於三三七年（晉成帝咸康三年）自稱大趙天王，立其后鄭氏爲天王皇后，其子石邃爲天王皇太子。

石邃驍勇，甚得石虎的寵愛。石虎對羣臣說：「司馬氏（指晉帝）父子兄弟自相殘殺，使我得有天下。像我這樣，豈有殺阿鐵（石邃小名）之理」。但石虎所稱許的這個寶貝太子石邃驕淫殘忍，無復人性。他常把美女妝飾好後，割下頭來，血洗乾浄放在盤子裏傳觀，以爲笑樂，再把她們的肉與羊肉一起煮來與賓客們同吃。石虎還有兩個兒子，一是河間公石宣，一是安樂公石韜。石虎也很鍾愛他倆，石邃恨兄弟如仇。石虎荒於酒色，喜怒無常，教石邃處理政務，石邃如向他請示，石虎說：「這種小事，也值得請示我嗎？」如不向他請示，他又說：「怎麼不向我彙報呢！」爲此一再責罵石邃。石邃對左右李顏等說：「皇上真難於侍候，我想行冒頓之事（漢匈奴冒頓殺父自立）你們説好嗎？」李顏等不敢回答。三三七年秋，石邃稱病不理事，率宮中文武五百多騎在李顏別墅飲酒，對李顏説：「我要到冀州把石宣殺掉，有不從者斬。」走不了幾里，從騎皆逃散，李顏等一再勸阻，石邃亦昏醉而歸。他母親鄭皇后知道後，私派太監去責備他，石邃竟把太監殺了。石虎聽説他兒子有病，想去看他，想起佛圖澄（天竺和尚，甚得石虎信任）説過「陛下不宜常去太子宮中」，就没有去。他先派親信的女尚書去看他，石邃叫她上前和他説話，抽劍把她殺死了。石虎大怒，收李顏等訊問，李顏把情況説了出來，石虎殺李顏等二十多人。把石邃幽禁在東宮，後又赦免了他，引見於太武東堂，邃朝拜而不認罪，就出來了。石虎叫人對石邃說：「太子應該去朝見皇后，何以便走？」邃不聽，石虎大怒，廢石邃爲庶人(平民)。當天夜裏，把石邃夫婦並男女二十六人一併殺死，同埋在一棺之中。廢鄭氏(石邃之母)爲東海太妃，立石宣爲天王皇太子，宣母杜昭儀爲天王皇后。

石邃與石虎一樣是殘暴而無人性的禽獸，死不足惜，但李顏等左右及宮妃數百人也一同被殺，真是冤哉枉也。

石虎也很喜歡另一子石韜，想立他爲太子，但以石宣年長，猶豫未決。有一天石宣忤旨，石虎說：「悔不立韜。」石韜由此更驕橫，他蓋了一棟王府，名「宣光殿」，樑長九丈，石宣知道後大怒，把工匠殺了，截了一段樑而去，石韜再把樑增爲十丈。石宣氣憤之至，對親信楊柸、牟成說：「韜如此放肆狂妄，你們如果把他殺掉，我進西宮(石虎居西宮)後，當把石韜的封地分給你們。韜死以後，我父親一定親來臨喪，我趁機殺了他，大事就成了。」楊柸等答應了。

有一夜，石韜同僚屬們在「東明觀」飲酒，宿在佛寺裏，石宣命楊柸、牟皮、牟成、趙生等用梯子爬進去，把韜殺了，第二天，石宣報告了石虎，石虎聽到後哭得死去活來，想親去臨喪，司空李農說：「刺死石韜的兇手尚未捕獲，賊還在京師裏，皇上不宜親去臨喪，以免意外。」石虎就沒有去。石宣參加韜的喪禮，不哭，直言「呵呵」，又把石韜的屍衾揭開看看，大笑而去。

石虎懷疑石韜是被石宣所暗殺的，要召他來，恐他不去，騙石宣說，你母親杜皇后悲哀過度病了，石宣不疑有它，進宮探視母病，石虎就把他扣留起來。石虎派人去抓兇手，楊柸、牟成逃走了，只抓到趙生，審問後，殺韜的真相大白，石虎悲怒愈甚，把石宣用鐵環穿頷鎖起來，以木槽盛飯，像喂豬狗一樣叫他吃。他又取害韜的刀箭舐他的血，哀號聲震動宮殿。石虎命積柴鄴北，樹標於其上，標末置轆轤，穿之以繩，倚梯積柴，把石宣送到標所，叫石韜的親信郝雅、劉霸拔石宣的頭髮，抽他的舌頭牽之登梯，放在積柴之上。郝雅用繩貫宣的頷，用轆轤絞了上去，劉霸斷他的手脚，斫眼潰腹，像韜的傷一樣。然後四面放火，把他燒死。石虎帶一般宮妃數千人登中台觀看，又殺石宣的妻子九人。石宣的小兒子才幾歲，石虎很愛他，抱在懷裏大哭，小孩說，「不是我的罪」，石虎想赦免他，大臣不聽，從石虎懷中拉走殺掉，小孩拉住石虎衣服不放手，至於把帶拉斷，石虎由此得病。石虎又殺太子東宮僚屬三百人，宦官五十人，都用車裂支解，投入漳水中。東宮衛士十多萬人，流放到涼州去。

石虎既殺石宣，議立太子，太尉張舉說：「燕公石燕有武略，彭城公石遵有文才，可選一立之。」石虎認爲很合他的心意。但戎昭將軍張豺說：「石燕母親出身微賤，石遵與石邃是同胞兄弟，其母既廢，不宜再立。」原來石虎從前征服上邽時，張豺俘獲趙主劉曜女兒安定公主有美色，獻給石虎，生子石世，張豺想立石世爲太子，立劉女皇后，將來石虎死後他可以輔政。張豺對石虎說：「陛下過去立的太子，其母都出於娼賤，故禍亂相尋，現在應擇母貴子孝的立起來。」石虎說：「你不用說，我明白了。」過幾天，石虎與群臣會於明堂，石虎說：「我真想用石灰三斛洗洗我的腸子，爲什麼專生兇子，不到二十歲便想殺父親。現在石世才十歲，等他二十歲時，我已死了。」遂立石世爲太子。世母劉昭儀爲皇后。三四九年石虎死，石世即位，尊劉氏爲皇太后。但石世做皇帝還不到三十三天，便爲其兄石遵所殺，張豺、劉太后亦一同被殺。

（以上均見《資治通鑑》卷九十八，晉紀二十，或《晉書》卷一百七，載記卷七）。

封建皇朝爲了争奪皇位，父子兄弟互相殘殺，本屬司空見慣，但像石虎父子這樣殘暴無復人性的，亦不多見。「年過二十，即欲殺父」，石虎覺得很奇怪，其實，「有其子必有其父」，石虎自己便是以暴力篡取王位的，石虎的野蠻殘忍是史所罕見的，其子耳濡目染，效石虎之所爲，這是種瓜得瓜，種豆得豆，又有什麼可埋怨的呢！

褚淵「以死求免」

我們知道，「面首」一辭出於南北朝的山陰公主（名楚玉）。山陰公主是南朝（五世紀）宋廢帝之姐。生性淫蕩，她對廢帝說：「我與你雖男女各別，都爲先帝所生，爲什麼你當了皇帝，後宮（妻、妾）以萬計，而我只有駙馬一人，這太不公平。」廢帝乃爲置「面首」三十人，「面」者取其貌美，「首」者取其髮美。也就是說賜給公主三十個美貌的丈夫。後來「面首」一辭，在古漢語中就作爲有夫之婦軋「姘頭」的代稱。

時有吏部侍郎褚淵貌美，山陰公主請求廢帝叫褚淵去侍候她。褚淵侍候了公主十多天，實在受不了，他寧死也不肯幹了，這才把他放了出來。（見《宋書》列傳四十）

可見，男女之間，男的堅决不幹，女的是無可奈何。只有對女的可施以强暴，就是這個道理！

江青說：我國古代女人可以置「面首」，這證明當時男女還是平等的。說這話大概她的面首不少，這真叫不知人世間有羞恥事！

范縝巧喻

范縝是我國南北朝時代（五世紀）著名的無神論者，他著有「神滅論」一文，閃耀着我國先哲唯物主義的光輝思想。當時他所在的齊朝是崇信佛法的，有一次皇子蕭子良召集賓客在竟陵王府辯論，蕭子良問范縝說：「你不相信因果，那麼爲什麼人有富貴貧賤呢？」范縝答道：「人生在世，好比樹上同時生了許多花，隨風而散，有的花落在茵蓆上，有的花却掉在糞坑裏，落在茵蓆上的像你殿下就是，掉在糞坑裏的，像下官我就是。貴賤雖不一樣，究竟因果在哪裏？」蕭子良無言以對。

范縝認爲「精神是物質（形）的作用，物質是精神的本體。物質存在，精神也存在；物質消滅，精神也就消滅。好比一把刀，精神是鋒利，物質是刀口，從未聽說過沒有刀口的鋒利。所以也不會有物質已消滅而只存在着的精神。」

有太原人王琰著論譏諷范縝說：「范先生呵！你竟連祖先神靈在哪裏都不知道了。」（意謂范「不孝」。）范縝回答道：「王先生呵！你既然知道祖先神靈在哪裏，爲什麼不殺身跟着他們去呢！」

蕭子良使王融對范縝說：「像你這樣好的才學，不怕不升到『中書郎』那樣的高官，何苦堅持這種議論（指無神論），真太可惜了。」范縝大笑說：「我如果出賣求官，尚書令、僕射令都當上了，何止是中郎將！」

范縝因爲始終堅持無神論，終於被封建統治者加上罪名，流放到廣州去。(見《通鑑》齊紀)

但范縝光輝的唯物主義思想，在中國哲學史上永遠名垂不朽。

隋文帝五子均不得善終

隋文帝（楊堅）是最怕老婆的。皇后獨孤氏是鮮卑貴族，性妒忌，終獨孤后之世，文帝不敢親妃嬪。隋文帝有五個兒子，皆獨孤后一母所生，隋文帝對群臣説：「前世天子，多寵愛妃妾，嫡庶分爭，故有廢立，甚至亡國。我没有妾侍，五子同一母所生，真是嫡親兄弟，也就不用擔這份心了。」

結果怎樣呢？

隋文帝的長子楊勇，本已立爲太子，後次子楊廣（即著名荒淫的隋煬帝）以種種權謀取得太子地位，楊勇被廢黜，當文帝被楊廣所殺後，楊廣隨即矯旨將楊勇賜死，第一個兒子就死在親弟弟手裏。

次子楊廣，即煬帝，後來是被宇文化及所殺。

三子楊俊，封秦王，因生活奢侈，大造宮室，被文帝發覺，勒令「歸第」（禁閉），文帝對楊俊的使者説：「我創大業，作訓垂範，是要大家遵守的，俊是我的兒子竟敗壞我的法令，我該怎麼辦呢！」楊俊害怕，病死，這個兒子勉强可以説是「善終」。

四子楊秀，封蜀王，楊秀貌魁梧，有膽略。楊勇被廢，楊廣立爲太子，秀甚爲不平，楊廣怕秀不服，暗令大臣楊素蒐集楊秀的罪狀，報告隋文帝。文帝令秀來長安，對他説：「秦王俊浪費財物，我以父道訓他；你蠹害生民，我要以國法辦你。」楊秀被廢爲庶人（平民），關在內侍省，連妻子也不得見面。文帝死後，煬帝即位，每出巡，把秀帶在身邊，囚在驍果營（即警衛營）裏。江都政變時，煬帝被殺，楊秀及其子亦一同遇害。

五子楊諒，封漢王，最爲隋文帝所寵愛。文帝與諒有密約，「如果有璽書召你，敕字旁別加一點，又與玉麟相符，才是真的。」煬帝即位後，用文帝名義，召漢王楊諒入京，楊諒一看與密約不符，知是僞詔，遂起兵反，兵敗，幽死。

可見隋文帝五個兒子，除楊俊病死以外，其他四子均不得善終，而且兩個是被煬帝所殺的，楊秀可以說是間接被煬帝所殺，煬帝自己則被人所殺。隋文帝以爲五子一母所生，就不會生嫡庶之爭，可以免於骨肉的殘殺，事實恰恰相反。

於此，司馬光有幾句評語說得好：

「隋高祖（文帝）徒知嫡庶之多爭，孤弱之易搖，曾不知勢均位逼，雖同産至親，不能無相傾奪。」（見《通鑑》卷一百八十，隋紀四）

封建王朝爭奪政權是你死我活的鬥爭，豈止同胞兄弟，即親父子，親母子、親夫婦之間亦互相殺戮，文帝自己不是就被寶貝兒子楊廣所殺的嗎？更何有於兄弟！

隋煬帝滅子絶孫

帝王子孫多是没有好結果的，但最慘的莫如隋文帝僅兩代便滅子絶孫。隋書上說：文帝「墳土未乾，子孫繼踵屠戮，松櫝才列，天下已非隋有。」又評煬帝說：「子弟同受誅夷，骸骨棄而莫掩。社稷顛隕，本枝殄絶，自肇書契以訖於兹，宇宙崩離，生靈塗炭，喪身滅國，未有若斯之甚也。」（上見《隋書》「高祖、煬帝紀」）說是有文字以來所未有，未免過甚其辭。但爲什麼會有這樣的結局，《隋書》上却回答得很好：「書曰『天作孽，猶可爲，自作孽，不可逭。』」的確，隋煬帝是「自作孽」的典型。

當隋煬帝最後一次遊江都時，荒淫益甚，宮中立百餘房，各盛供張。每房居美女多人，每日一房輪流做主人。煬帝與蕭后、妃子就房中飲酒，杯不離口，晝夜昏醉。他看到天下大亂，心中着慌，對蕭后說：「外間大有人想殺害我，且不管他，快樂飲酒吧！」又常取鏡自照，說「好頭顱，不知誰來斫他！」蕭后驚問其故，煬帝說：「貴賤苦樂，本無定準，斫頭也不算什麼！」看來，這個昏君是頗有自知之明的。時江都糧盡，煬帝的警衛多關中人，久客思返歸鄉里，見煬帝無意西歸，紛紛逃亡。右屯衛將軍宇文化及等乃煽動將士，得數萬人，攻入宮中，煬帝改裝逃入西閣，被執還寢殿。隋將虔通（本煬帝當太子時親信）德戡等拔刀監視。煬帝問：「我究竟犯什麼罪？」叛將說：「你輕動干戈，遊玩不息，窮奢極欲，荒淫無度，專任奸邪，拒聽忠言，使丁壯死在戰場，老弱填入溝壑，萬民失業，變亂四起，還說没有罪嗎？」煬帝說：「我誠然對不起老百姓，至於你們，跟着我享盡榮華富貴，沒有對不起你們的。今天的事，爲首是誰？」叛將們說：「衆人一心，何止一人？」宇文化及又叫封德彝歷數煬帝的罪惡，時煬帝愛子楊杲（年十二歲）在旁，大哭不止，虔通先把楊杲殺死，血濺煬帝一身。煬帝說：「帝王自有帝王的死法，何得加以白刃？你們拿毒酒來！」將領們不許，煬帝乃自解巾帶給叛將們將他勒死。原來這個昏君自知作惡多端，常帶毒酒在身邊，他對寵妃們說：「要是出了亂子，你們先飲，我後飲。」那知兵變時，左右都逃走，連毒酒也找不到了。

這個「罄南山之竹，書罪無窮；決東海之波，流惡難盡」（李密討煬帝檄文中語）的昏君就這樣結束了他的一生。

宇文化及把煬帝殺死後，本想立煬帝之弟楊秀爲天子，衆將領不同意，就把楊秀和他的七個兒子一同都殺死了。

還有煬帝一個兒子名叫楊暕封齊王的，暕素爲煬帝所不喜，父子之間互相猜忌。當兵變時，煬帝初以爲他兒子楊暕造反，對蕭后說：「是阿孩（暕小名）作亂吧？」宇文化及把煬帝殺死後再去殺楊暕，暕又誤以爲是他父親煬帝要殺他，說：「詔使且慢，我沒有對不起父皇的。」亂兵把楊暕拖到街上殺了，他可憐至死不知道是誰要殺死他的。楊暕的兩個兒子也一同被殺害。只有楊暕一個遺腹子，在娘肚子裏沒有生出來，未被殺掉。後與蕭后同入突厥，及突厥滅，歸于唐，名楊政道，後授唐員外散騎侍郎。楊堅（隋文帝）後代留下的只此一人。

自楊堅於五八一年稱帝，建立隋朝，到煬帝十四年（六一八）被殺，總共不過三十七年，楊氏一門斬盡殺絕，幸虧楊暕有個遺腹子，還沒有斷子絕孫。帝王的結局如此，這豈是隋文帝當年所及料的？

兩面派的隋煬帝

隋煬帝是中國歷史上有名荒淫的昏君。但他却善於作假，是個典型的兩面派。他父親隋文帝，提倡節儉，他母親獨孤后生性妒忌，惡妃姬美飾。文帝畏懼獨孤皇后，不敢接近姬妾。隋文帝原立楊勇爲太子，勇好色，多內寵，尤寵愛昭訓雲氏，不爲獨孤后所喜。楊廣（煬帝名）好色不下於楊勇，荒淫無度且遠過之，但他爲了博得父母的歡心，謀奪太子的位置，就千方百計僞裝起來。他做兩面派很有一些高明的手法。他表示只和蕭妃（楊廣妻）在一起，姬妾生的子女皆不育。當文帝夫婦去楊廣家裏時，他把所有美姬藏匿起來，不令父母看見，唯留老醜的出來招待。屏帳都用素色，故意把樂器的弦弄斷，灰塵也不拂去，以示他不好聲色。當他父母派宮人到他那裏，無論地位高低，他和蕭后都在門口迎送，禮貌週到，賞賜有加。所以婢僕交口稱譽他的仁孝。獨孤后果然上了他的當，說服文帝廢楊勇而立楊廣爲太子。當他母親獨孤后逝世時，他在文帝面前哭得死去活來，回到家裏飲食言笑如常。

隋文帝在獨孤后死後，寵愛了兩個美人，一爲宣華夫人陳氏，一爲容華夫人蔡氏。仁壽四年（六〇四年）隋文帝得病，楊廣去探視父親的病，恰遇到陳氏夫人上厠所，楊廣就去調戲她，被陳夫人所拒絕，神色慌張的跑回文帝身邊，文帝驚問是怎麼回事？陳夫人說：「太子無禮。」文帝大怒，罵道：「畜生哪能付以大事！我上獨孤的當了，快把太子楊勇找來。」楊廣知道後立刻下毒手，把他父親謀害死了，史書上說，血濺屏風，冤痛之聲聞於外。楊廣把文帝害死後，陳夫人及後宮均大驚失色。午後，楊廣派使者送一小金盒給陳夫人。陳夫人害怕不敢打開，終以爲是賜她自殺的毒藥，哪知盒中是數枚同心結。當天夜裏，楊廣就把陳夫人姦淫了，過幾天蔡夫人亦爲楊廣所强姦。這個弑父逆倫的楊廣就是我國歷史上著名荒淫的隋煬帝。他就是靠兩面派手法登上歷史舞台的。

弄虛作假，欺矇外賓的先驅

隋煬帝不惟是我國歷史上兩面派的典型，也是善於弄虛作假，欺矇外賓的能手。他爲了要誇耀中國的富饒，利誘西域諸國入朝。大業六年（六一〇年）西域諸國使者和商人齊集洛陽（首都），隋煬帝於正月十五日夜間，在皇城端門外大街上設置盛大的百戲場，戲場周圍五千步，奏樂人多達一萬八千，聲聞數十里，燈光照耀如白晝，直到月底爲止。耗費以巨萬計。

西域人到豐都市（洛陽東市）交易，隋煬帝先令本市商人盛飾容，廣設珍貨，商人服裝華美，連賣菜也用龍鬚席鋪地，陳列蔬菜。西域人經過酒食店門前，店主邀請入座，醉飽出門，不用付錢。店主告訴外賓說：中國富饒，喝酒吃飯，照例不要錢。西域人不是傻子，他們口頭表示贊嘆，心裏哪有不明白的。更可笑的是樹木都用綢緞纏飾，外賓們指着樹上綢緞問道：「你們中國也有赤身露體，沒有衣服穿的人，爲什麼不把綢緞分給他們做衣服而用來裹樹呢？」市人慚愧得無言以答，這真是弄巧成拙！

看起來，弄虛作假也是中國帝王的一貫傳統。

武則天

中國歷史上第一個也是唯一的一個女皇帝是武則天。其他都是以皇后或皇太后身份臨朝聽政，如漢朝的吕后，清代的慈禧，並未公然改號稱帝。而武則天則改唐年號爲周，自稱則天皇帝。其膽識、魄力實爲我國歷史上所僅見，足爲我國女子揚眉吐氣。

過去我國封建史家對武則天貶多於褒，主要是基於男性中心社會的封建道德觀念。他們説武則天淫蕩、殘忍。其實，帝王爲了爭奪政權，父子、兄弟、夫婦之間互相殘殺，真如家常便飯，根本談不到殘忍的問題。至於説到淫蕩，那麽，一個男皇帝後宮動以千百計，大家視爲理所當然；獨對於武則天女皇帝，有幾個男寵，就以爲大逆不道了。説穿了，這是大男子主義的偏見。

在中國二千多年的封建帝王中，武則天應該是比較好的一個。范文瀾先生在「中國通史簡編」中把武則天統治唐朝的四十五年與唐太宗統治的二十三年，唐玄宗統治的前二十九年並列爲唐代政治清明的時代。范文瀾認爲武則天是一個「明主」而不是「昏君」，這是很公允的評價。

武則天於貞觀十一年（六三七年）爲唐太宗的「才人」（正五品，宮妃職位名），年十四歲。貞觀二十三年（六四九年），唐太宗死，則天隨衆去感應院爲尼（皇帝死後妃嬪未育子女的悉度爲尼）。唐高宗李治（太宗之子，繼太宗爲帝）於永徽五年（六五四年）到寺裏行香。當李治爲太子時，就愛上了武則天，這次再度見面，互相對泣。高宗的皇后王氏，暗中叫武則天蓄起髮來，勸高宗納之後宮。當時高宗寵愛蕭淑妃，王后想把武則天引進宮後，以間淑妃之寵。這真應了一句古話叫「引狼入室」。武則天初進宮時，對王皇后百般巴結，王后常在高宗面前説則天的好話，不久她就大得高宗的寵愛，封爲「昭儀」（宮妃官名）。這時則天三十一歲。從此，王后與蕭妃失寵，但高宗尚無廢后之意。武則天生了一個女兒。有一天，王后進宮逗小孩玩，王后一走，則天就把自己女兒掐死。蓋上了被，假裝不知道。一會兒高宗來了，掀開被一看，發現女孩已死，則天大哭起來，高宗問左右：「誰來過？」左右答：「王皇后。」高宗大怒，一口咬定是王后害死小孩的，王后蒙不白之冤，無以自明。不久高宗把王后廢了，打入冷宮，立武則天爲皇后，這是永徽六年（六五五）的事。武則天爲争奪皇后的地位，手段之毒辣可見一斑。

王后與蕭妃均以「謀行鴆毒」的罪名廢爲「庶人」（平民）後，被禁閉在一個院子裏。有一天高宗去看她們，見其室封閉極密，僅留一小孔以送食物。高宗看了很傷心，問：「王后蕭妃在哪裏？」王后回答説：「我們犯罪爲宮婢，哪得有此尊稱。」又説：「陛下若念舊情，使我們重見天日，請名此院爲回心院。」高宗説：「我自有處置。」這事給武則天知道後，立即派人杖王后蕭妃各一百，斬去手脚，投酒甕中，數日而死。高宗竟莫可如何，可見此時高宗大權已旁落。高宗是個庸懦的昏君，剛强機智的則天自立爲皇后後，即參與朝政。顯慶五年（六六〇年）以後，政權已全歸武氏。麟德元年（六六四年）高宗感到自己無權，行動不自由，一度想與朝臣密議廢武后，事爲武后所知，質問高宗，高宗害怕得不得了，説：「我本無此意，都是上官儀教我幹的。」結果，上官儀被殺，從此高宗成了一個傀儡。

武則天生了四個兒子，長子李弘，人較能幹，被她用酒毒死。次子李賢，在士大夫中頗有聲望，高宗想傳位給他，又被武后廢爲「庶人」，逼令自殺。於是立第三子李顯爲太子，李顯昏庸無能，永淳二年（六八三年）唐高宗死，李顯即位，是爲唐中宗，這時武則天已經六十歲了。

唐中宗是個「下愚不移」（「新唐書」評語）的昏君，他一當上了皇帝，首先封他老婆（韋后）的父親韋玄貞爲侍中，又要給乳母的兒子五品官。裴炎認爲與制度不合，中宗說：「天下是我的，我要以天下給韋玄貞都行，豈但侍中。」裴炎報告了武則天，則天大怒，就召集百官於乾元殿，把中宗廢了。中宗問：「我有何罪？」武后說：「你要以天下給韋玄貞，還不是罪嗎！」中宗被廢爲「廬陵王」，關了起來。由此可見，武后廢中宗是完全正確的，如果政權在中宗手裏，唐朝決不能維持一個繁榮而穩定的局面。明末有一個遺民徐樹丕說：「武氏不能亂唐，唐高宗自亂也。武氏雖亂唐，未嘗亂天下也。唐祚之深長，武氏繫之也。中宗非令主，韋氏多失德，房陵無異於桐宮，悔艾不終於令德，武氏不帝而誰帝乎？二十二年之間，使環海恬波、金甌無恙，吾知中宗之不能辦也。」（識小録，卷一）這話我認爲是很有見地的。

武則天說當她在唐太宗宮中時，太宗有一匹烈性的駿馬，沒有人能駕馭它。她對太宗說：「我能制服它，但要給我三樣東西：一鐵鞭，二鐵撾，三匕首。先用鐵鞭打它，不服，再用鐵撾砸它的頭，再不服用匕首割它的喉。」可以看出武則天的非凡氣慨。做了皇帝以後，(武則天把中宗廢後，立第四子李旦爲帝，但居李旦於別殿，不許他參與政事。六九〇年則天乾脆自己稱帝，改國號爲周，她還創了一個新文字，自名爲「曌」(音照)，也是大膽的創舉)，她就用駕馭烈馬的辦法來駕馭羣臣，大權獨攬，選拔才能，刑賞分明，造成歷時半世紀中央强有力的集權統治，使唐代政權得以鞏固，社會秩序得以安寧。《資治通鑑》上也說，武則天「雖濫以禄位收天下人心，然不稱職者，尋亦黜之，或加刑誅。挾刑賞之柄以駕馭天下，政由己出，明察善斷，故當時英賢亦竟爲之用。」

清趙翼（甌北）是一個很有見地的封建史家，他也認爲武則天能用直臣：

「武后之嚴刑濫殺，縱周興、來俊臣等荼毒善類，固古今未有之凶暴，然亦有不可測者。方其寵薛懷義時，蘇嗣良遇懷義於朝，叱左右批其頰曳去。而朱敬則疏謂陛下內寵有薛懷義、張易之、張昌宗固應足矣，近聞尚食柳漠，自言其子良潔白美鬚眉。左監門長史侯詳，自云陽道壯偉，堪充宸內供奉，無禮無義，溢於朝聽。宋璟劾張昌宗引妖人佔已有天下，武后欲赦之，桓彥範疏諫謂陛下以簪履恩久，不忍加刑，是皆直揭后之穢跡，宜乎老羞成怒，立賜誅殺，乃於良嗣之批懷義，則置若不知；於敬則則勞之，謂非卿不聞此，賜綢緞百匹，而彥範、璟亦不聞斥責也。懷義等憾此數人刺骨、床第間所以媒孽之者宜無所不至，后獨始終不爲所動。陸贄所謂天后收人心，當時稱知人之明，固亦英主之所爲也。」

（「陔餘叢考」卷四十一，「唐武后能容直臣」）

光宅元年（六八四年）李敬業造反，駱賓王寫了一篇「討武曌檄」，把武則天罵得狗血淋頭。當武后讀到檄文中「一抔之土未乾，六尺之孤何托？」時，問左右：「檄文是誰作的？」左右答：「駱賓王」。武后說：「有如此大才而不用，是宰相的過錯。」這不僅說明武則天的愛才若渴，亦可見她的豁達大度。

天后長壽元年（六九二年）因天旱禁屠，左拾遺張德生男三月，私宰羊宴客。補闕杜肅偷藏了一塊羊肉，向武后告發，次日早朝，武后問張德說：「聽說你生子請客，是嗎？」又問：「你哪兒來的肉呢？」張德據實報告並請罪。武后說：「我禁屠，婚喪吉凶不在禁內，不過你以後請客要擇人。」說着把杜肅的告密信給他看，杜肅羞慚滿面，舉朝以唾沫吐他。武后給這個無恥出賣朋友的人當場下不了台，說明武后這人多麼有風趣。

武則天想收攬人心，濫封官爵，當時有人做打油詩云：「補闕連車載，拾遺憑斗量。」有一舉人續了兩句：「虛心存撫史，眯目聖神皇。」「聖神皇」即指武則天，這是直接罵她的。御史紀先知把做續詩的人抓了起來，說他毀謗朝廷，要在朝堂上杖他，再送去法辦。武則天笑着說：「只要你們不濫就行了，何必怕人說話呢？」她命令即刻把人放了，這說明武則天是有容人之量的。

當然，武則天也做了不少壞事，最不得人心的就是她獎勵告密，使用酷吏，搞特務統治，濫用各種酷刑，迫害羣臣。她在廟堂上放四個專匱，其中一個收告密文書。她擢用索元禮，周興，來俊臣等特務頭子，專辦理鎮壓謀反事件。來俊臣撰「羅織經」一卷，教黨徒按經文佈置，使被告人無法自解。他們造作各種可怕的刑具，使被告忍受不住酷刑，寧願承認造反以求速死。朝臣人人自危，不知死在什麼時候。武則天用索元禮、周興，來俊臣爲首的二十三個酷吏，先後殺唐宗室貴戚數百人，大臣數百家，刺史、郎將以下不計其數。酷吏濫殺無辜，到了羣情激昂的時候，她也陸續殺了一些酷吏來平民憤，最大的酷吏也難幸免。例如她委來俊臣（特務頭子）去審訊另一個特務頭子周興。來俊臣問周興說：「犯人如果不認罪，當用什麼辦法？」周興說：「那好辦，用一大瓮，四週用炭火烤，把犯人放在瓮裏，什麼罪也會認了。」來俊臣就叫拿瓮來，如法四週用炭火烤起來，對周興說：「有旨審問老兄，那麼請你入瓮吧。」這就是「請君入瓮」的出典。周興定了死罪，後流放嶺南，被仇人所殺。六九七年武則天又殺了來俊臣，羣衆争咬來俊臣身上的肉，頃刻而盡，並挖出眼睛，剥去面皮，剖腹取心，踩成泥漿。武則天看到民憤如此之大，隨即下詔書，歷數來俊臣的罪惡，並加以族滅罪，說是「以雪蒼生之憤。」其實，這些酷吏哪一個不是秉承她的意志去辦的。

武則天怕別人造反，所以任用酷吏來鎮壓，甚至像狄仁傑這樣的名相，也被來俊臣所誣告下獄。狄仁傑在酷吏的羅熾下不得不承認「造反」。以後，武則天問狄仁傑：「你爲什麼自己承認造反呢？」狄對曰：「我如不承認則早已死在嚴刑拷打之下。」武后又問：「那你爲什麼寫謝死表呢？」狄說：「沒有啊！」武后以表示之，才知道這是特務們僞造的。

武則天疑心這人要造反，那人要造反，殺掉了上千上萬的唐宗室，貴戚、大臣。有人對武則天說：「這裏面大多是冤枉的，你如不信，可擇朝臣中你所最信任而忠心於你的人交特務機關，過不了幾天，他們就會把他的反狀送來了。」武則天這才省悟過來。

看起來，武則天是真的相信那麼多的人要造她的反的，等到她省悟過來並且她的政權也較爲鞏固之後，她不那麼信任特務了。後來還殺了一批特務以平民憤。這同劉邦、朱元璋用莫須有的罪名殺戮功臣，明知而故犯者還有所不同。在武則天的統治下，有才能的文武大臣，只要不被她懷疑爲謀反的話，她都能從酷吏的陷害中保全他們，如狄仁傑即其一例。所任用的宰相如狄仁傑、姚崇、魏元忠、張東之均一時人望，所以能使國家保持一定的元氣，免於內憂外患。她能聽諫，多少還有一些李世民的風度。張易之、張昌宗是無耻小人，她所寵愛的姘頭，也不過被她當爲男妾，倡優蓄之，並沒有被她授以「部長、主任」的職位。御史中丞宋璟生性剛直，力爭要殺二張，她令張昌宗去肅政台受審，宋璟正在審問，武則天特敕赦免。宋璟發怒說：「恨不早把這小子宰了。」武后叫張昌宗到宋璟處謝罪，宋璟拒而不見。她不聽二張的讒言，這比之歷代皇帝聽信寵妃搬弄是非，殘害忠良的要强得多了。

因爲武則天是個女皇帝，這就發生了誰當接班人的問題。傳位給武姓的吧，她是姑母，哪有姑母傳位給侄兒的呢？傳位給自己的兒子吧，那還不是唐朝李家的天下！這樣她就陷入不能解決的矛盾之中。狄仁傑對武則天說：「唐太宗櫛風沐雨，親冒鋒鏑，以定天下，傳之子孫。高宗以二子托陛下，如果移之他姓，恐非天意。況且姑侄與母子孰親？你如傳了兒子，千秋萬世，你終是太后，配食太廟；如傳了侄子，哪有侄兒做皇帝，供姑母牌位的呢！」當時朝臣都認爲天下是李姓的，武則天不過是李家的皇太后，武則天再三考慮，還是恢復廬陵王爲皇太子。日夜覬覦皇位的武則天的侄子武承嗣因此氣憤病死。七〇五年武則天病重，宰相張柬之率文武羣臣發動政變，殺武后男寵張易之、張昌宗，擁唐中宗（廬陵王）復位，恢復了唐的國號和唐制度。不久武則天病死，終年八十二。

想不到到了二十世紀七十年代，還有人想學武則天。可是，她有武則天的野心而沒有武則天的才具。有武則天的淫蕩而沒有武則天的豁達大度。想效法武則天的特務統治而不知何以收拾人心。不要說做製了武則天的三十套的服裝，（註）就是三百套也畫虎不成反類犬，終至身敗名裂，遺臭萬年，不亦快哉，不亦宜哉！

（註）據說江青做了三十套武則天服裝，花去八十萬元。

「疲勞審訊」的發明者—武則天

武則天專政時，任用酷吏，發明了許多逼囚供認的酷刑。如意元年（六九二年）侍御史周矩上疏說：

「推劾之吏，皆相矜以虐。泥耳籠頭，枷斫楔轂，摺膺籤爪，懸髮薰耳，號曰「獄持」。或纍日節食，連宵緩問，晝夜摇撼，使不得眠，號曰「宿囚」。此等人既非木石，且救目前，苟求賒死。臣竊聽輿議，皆稱天下太平，何苦須反。豈被告盡是英雄，欲求帝王耶？但不勝楚毒自誣耳。願陛下察之。今滿朝側足不安，皆以爲陛下朝與之密，夕與之仇，不可保也。」（《資治通鑑》，唐紀二十一，新式標點本六四八六頁）。

「宿囚」可意譯爲「疲勞審訊法」。

「朝與之密，夕與之仇」是「朝爲座上客，暮作階下囚」的註釋。

這些都是古已有之的。

畫虎不成反類犬的韋后與安樂公主

韋后是唐中宗的皇后，安樂公主是她的女兒。

唐中宗即唐高宗的兒子李顯。他曾被武則天廢爲「廬陵王」，過了二十多年復辟再又做了皇帝。「新唐書」上評他爲「下愚不移」的昏君。李顯在六八四年之所以被廢，即因爲他即位後封韋后父親爲侍中。到了七〇五年他因張柬之等發動政變推翻了武則天的政權而復位。復位後的第一件事便是立韋氏爲皇后，追贈后父韋玄貞爲上洛郡王。左拾遺賈虛上疏說：「異姓不王，古今通制，今中興之始，百姓對陛下期望甚殷，百事不辦，先封皇后家族，這不叫人失望嗎！」但這個「下愚不移」的昏君根本不聽。

韋后也是一個大野心家，可是她沒有武則天的才幹。當中宗被廢爲廬陵王住在廬陵時，每當武則天的中使至，中宗就害怕得不得了，想自殺。韋后勸他說：「禍福無常，早晚死都是一樣，何必急呢！」韋后因與中宗共過二十多年患難，中宗曾對韋后說：「將來如能重見天日，一切聽你的，決不相制。」及中宗復位，韋氏再做了皇后，他果然一切聽命於韋后。每上朝，韋后必垂簾聽政，正如武則天對高宗一樣。有一個叫武三思的，本武則天的餘孽，因走了上官婉兒的門路，與韋后通姦，當張柬之等發動政變誅武則天的黨羽時，沒有被殺。中宗復位後，武三思與韋后在御床上賭博，這個活王八的皇帝在旁邊替他們計算籌碼。

韋后有一個女兒安樂公主，更是一個大壞蛋，又是一個大野心家。她嫁給武三思的兒子武崇訓。武三思先與上官婉兒私通，通過上官婉兒得幸於韋后。武三思父子得勢後，大殺功臣，權傾人主。他說：「我不知道什麼叫好人，什麼叫壞人。我只知道附和我的就是好人，反對我的就是壞人。」安樂公主賣官鬻爵，肆無忌憚，無惡不作，朝臣側目而視。她寫了制敕（皇帝的命令），不讓中宗看內容，要他簽字，這個昏君居然簽了字。可見他昏到什麼田地。

唐中宗復位後，立李重俊爲太子，重俊不是韋后生的，韋后與安樂公主日夜在中宗面前講重俊的壞話，要求中宗廢重俊，立安樂公主爲皇太女，以便將來繼位做女皇帝。中宗雖沒有同意，但也沒有反對。看來，韋后與安樂公主都看到武則天做女皇帝眼紅了，想過一過皇帝的癮。

唐中宗神龍三年（七〇七年）太子李重俊發動宮廷政變，把武三思、武崇訓一家全殺了，但沒能殺掉韋后與安樂公主，結果政變失敗，他自己也被韋后所殺。韋后殺了太子重俊以後，更胡作非爲，公開出賣官爵，任何人只要出錢若干萬，便給官做。這種官當時稱爲「斜封官」。武三思被殺以後，韋后又同一個醫官馬秦客與御厨楊均通姦。安樂公主的丈夫崇訓死後，她立刻便嫁給早已與她通姦的武廷秀，還大肆舖張，舉行婚禮！看來，韋后與安樂公主在亂搞男女關係，縱情男寵方面也要向武則天學習。但武則天的胡搞是在唐高宗去世之後，而韋后的淫亂則在中宗在世之時，其無耻程度遠勝過武則天。安樂公主也一心一意想當女皇帝，她慫恿韋后臨朝聽政，立她爲皇太女。景龍四年（七一〇）六月，活王八的昏君唐中宗終於被韋后母女所毒死。《唐書》上說中宗「親遭母后之難而躬自蹈之，所謂下愚之不移者歟！」真是一針見血的話。

從唐中宗七〇五年復位到七一〇年被害這六年中，昏君的所作所爲，可以證明，假令武則天不把他廢掉的話，還能不能維持唐代的統治，真很難說。所以徐樹丕說：

「唐祚之得長，武氏繫之也。」這是一點也不錯的。

韋后與安樂公主一心想做效武則天做女皇帝是可以理解的。武則天統治了唐朝四十多年，的確使天下太平，物阜民安。但武則天是有她的非凡才幹的。韋后與安樂公主有其野心而無其才，所以結局便大不相同；不久臨淄王李隆基（即後來的唐玄宗）起義，韋后、安樂公主均被殺。當兵變時，安樂公主還在照鏡畫眉呢。韋后餘黨悉誅滅，真是大快人心！

二十世紀七十年代的武則天只知道我國歷史上有一個叫武則天的女皇帝，而不知道還有畫虎不成反類犬的韋后與安樂公主，這也是時代的悲劇吧！

前明後昏的唐玄宗

「安史之亂」（七五五年）是唐代從安定到混亂，從繁榮到衰落，從統一到分裂的一個轉折點。安史之亂發生在唐玄宗天寶十四年。唐玄宗統治了中國四十四年（七一二至七五六）。范文瀾說他前二十五年是明主，後十九年是昏君。以七三六年（開元二十四年）任用李林甫作爲明君轉變爲昏君的標誌，這是很恰當的。中國歷史上前明後昏的皇帝很多，唐玄宗是其中典型的一個。

唐玄宗名李隆基，是李旦的第三子。李旦是武則天的第四個兒子。武則天廢唐中宗時曾立他爲帝，稱唐睿宗，但不讓他行使職權。後來武則天恢復了中宗的帝位，李旦改封相王。中宗是個「下愚不移」的大昏君，爲他自己的老婆（韋后）與女兒安樂公主所毒死。唐中宗被韋后毒死後，李隆基發動了一場宮廷政變，殺韋后、安樂公主、武廷秀等。韋氏一族完全消滅，武氏一家也所剩無幾。當李隆基發動政變時，有人勸他報告他的父親相王。李隆基說：「我發動政變是爲了國家，功成則歸之相王；不成，則以身死之，決不連累父親。如果先報告他，他如同意，則身預其謀；如不同意，則機密被泄。」政變果然成功了，由太平公主出面（武則天的女兒），立相王爲帝，是爲唐睿宗。

唐睿宗之取得帝位，完全得力於他的兒子李隆基與太平公主。即位以後，立李隆基爲太子，太平公主也干預朝政。宰相奏事，睿宗總要問有沒有和太平商量過？有沒有和太子商量過？太平公主驕橫無比，她看到太子英武，想立一個比較懦弱的爲太子，她便可以長久參預朝政。她一再放出流言，說李隆基非長子，不宜立。這理所當然地引起太子與太平公主之間越來越尖銳的矛盾。七一二年唐睿宗讓位給太子，自稱太上皇。太子即位，就是歷史上有名的風流天子唐玄宗。太平公主想用羽林軍入宮殺唐玄宗，七一三年（開元二年）唐玄宗殺太平公主及其徒黨數十人，唐玄宗的政權才得以穩固。

唐玄宗在初期是勵精圖治的，開元盛世，有貞觀（唐太宗年號）的遺風。但到了晚年，特別是任用了那個口蜜腹劍的李林甫爲宰相之後，便縱情聲色，變成一個昏君了。范文瀾說唐玄宗「在勵精求治，取得成就以後，便精疲力盡，驕侈心代替了求治心。唐朝到開元時期才達到極盛的頂點，也就在這個時期的季年，造成了天寶時期的亂源。唐太宗曾說：『治安則驕侈易生，驕侈則危亡立至。』開元時期正是從治安轉向危亡的過程，唐玄宗的驕侈心又正是這個轉向的關鍵。」又說：「能否納諫是封建時代區別明君與昏君的標準。帝王愈是能虛心兼聽，擇善而從，朝廷的權力也就愈益堅强。反之，帝王獨斷獨行，形式上權力似乎無限大，實際是墮入奸佞人的術中，權力下移而不自知。唐玄宗重用李林甫，李林甫要蔽塞他的耳目，自專大權，告誡諫官們說：『現在明主在上，羣臣專心順從就行，用不着多說話。你們見過朝會時儀仗隊裏的馬匹嗎？牠吃的是三品食料，叫一聲便斥去不再用，後悔也來不及了。』諫諍的路被李林甫斷絕，開元之治轉向天寶之亂了。」（見范著《中國通史簡編》第三編一一六－一一七頁）。

范老這一段評價唐玄宗由明轉昏的話，我認爲是極有見地的。「兼聽則明，偏聽則暗。」這話人人會講，但人主之中，真正能懂得這個道理並且躬自實踐的，在歷代帝王中却没有幾個。李世民可以說勉强做到了，故「貞觀之治」，史所罕見。

安史之亂，是唐代從盛到衰的一個轉折點。我國過去的一些封建士大夫多把安史之亂的禍根說成是唐皇寵楊貴妃而起，這是一種最大的偏見。其實，楊玉環不過長得漂亮，她並沒有做什麼壞事。正如明末遺民徐樹丕所說：

「太真特以貌見寵，未聞陰謀遠略過於男子。設宰相非李林甫，邊帥非安祿山，何至雨泣鈴霖，香銷綉襪，波翻太液之飈，虐煽驪山之焰。豈深宮被底，一至斯耶？吳信宰嚭而西子沉冤，唐任安李而太真蒙慘，爲之掩卷稱屈。」（見「識小録」）

這一點，魯迅也有極公允的話：

「比如說，關於貴妃，祿山之亂，以後的文人都撒着大謊，玄宗逍遥事外，倒說是許多壞事情都由她。敢說『不聞夏殷衰，中自誅褒妲』，的有幾個？就是妲己，褒姒也還不是一樣的事，女人的替自己和男人伏罪，真是太長遠了。」（《魯迅全集》，第五卷三七四頁，一九五五年版）。

安史之亂，要負責的是昏君唐玄宗而不是楊貴妃，這我是完全同意的。當然，這不是說，唐玄宗不受楊貴妃的很大影響。例如當安祿山造反後，玄宗擬親征，並使太子監國。楊國忠大懼，對韓、虢、秦三夫人（均楊貴妃姊妹）說：「太子早已恨我們一家專橫，若一旦得天下，我們没有性命了。」三夫人通過貴妃向玄宗進言，親征的事就此作罷，這就是一個例子。

唐玄宗之寵愛楊貴妃是因爲她有傾國傾城的美貌。有些昏君之受制於皇后，或被皇后玩弄於股掌之上，却不一定由於美色，（遠之如明代的萬貴妃，奉聖夫人客氏，近之如江青之於毛澤東）這就使我們更難理解了。

前明後昏的帝王很多，唐玄宗不過其一例而已。

唐德宗的昏憒

唐德宗在中國歷史上可以說是個中庸之主。他自以爲明察，實則剛愎自用，昏憒得很。新唐書上說他「猜忌刻薄，以彊明自任，耻見屈於正論，而忘受欺於奸諛。」貞元三年（七八七年）有一次德宗去新店打獵，過百姓趙光奇家。德宗問道：「百姓過得快樂嗎？」光奇回答：「不快樂。」德宗又問：「今年豐收，爲什麼不快樂呢？」光奇答道：「詔令無信用，說什麼除兩稅外沒有別的稅，而其實不用稅的名目而向老百姓要的錢比稅還要多，後來又說『和糴』（按市價向農民徵購糧食）實則强要，分文不給。又說只要我們把麥子送到道旁，現在却令我們送到京西行營交納，動輒數百里，車壞馬死，許多人因此破產，這樣愁苦的日子還有什麼快樂呢？聖上下詔書說什麼照顧老百姓，盡是些不兑現的空話，大概皇上深居宮裏，什麼事也不知道吧！」德宗聽了之後，下令免去趙光奇一家的租稅。

於此，司馬光加了一段按語：

「德宗真可以說糊塗透頂了！自古所怕的是人君有恩惠而壅塞不能下達，小民有委屈而不能上通君主，離叛危亡，都是由此而來的。現在德宗幸以遊獵到百姓家裏，碰巧遇到趙光奇這樣敢於說話的人而知道民間疾苦，這真是千載難逢的機會。他就應當把那些不貫徹詔令、殘害小民、橫徵暴斂、盜竊公財以及左右阿諛奉承盡說老百姓過得非常快樂的官吏狠狠懲辦一下，然後洗面革心，把政令一新，不唱高調、不說假話、謹號令、明誠信、察真僞、辨忠邪、矜困窮、伸冤屈、則太平盛世不難做到了。但他不這樣做，而僅僅把趙光奇一家的租稅免去，試想以四海之廣，兆民之衆，怎麽能够人人都到皇帝面前告御狀而家家户户免他的租稅呢！」(見《資治通鑑》，唐紀四十九，原爲古文，意譯爲白話。)

司馬光雖然是一個封建史家，他這一段話實足發人深省。千百年後不是還有人認爲只要免去趙光奇一家的租稅就是一件英明的德政嗎！在文化大革命的年代，福建有一個中學教師給「偉大領袖」毛澤東寫了一封信，説中學教師生活的困苦，毛澤東於收到信後給他寄去三百塊錢，不就是一個例證嗎！毛澤東熟讀《資治通鑑》，他一定知道唐德宗這個故事，可惜他没有注意到「臣光曰」這一段話。真是「可悲也夫」！

「官僚教科書」另一章

——唐代的鄭注

在中國歷史上，有成千上萬善於鑽營的官僚。要往上爬，一定有許多竅門。可惜中國沒有一本「高等做官教科書」，要是有的話，一定會紙貴洛陽。爲什麼寫不出一本「高等做官教科書」呢？理由亦簡單：深通此道的人，他早已飛黃騰達，青雲直上（用現代話來說，「坐直升飛機上去」），安享富貴榮華，當然不屑來寫書了。還沒有做上大官的，就證明他對此道還沒有精通，也就沒有資格來寫書。魯迅在一篇文章中曾經說過「高等做官教科書」中有一條叫「看條陳」，那是說做了官以後。至於如何才能做上大官，他一個字也沒有提。當然，魯迅對於此道也是一竅不通的，否則他也決不止於做一個「區區僉事」了。

讀《資治通鑑》，唐文宗時代鄭注倒真是一個善於往上爬的典型。他最大的本領就在於「善揣人意」。這裏的「人」當然不是一般的人，而是「上級」。對做官的人來說，就是「皇上」或「主子」。如果下級屬員能够揣摩上級的意見而加以逢迎，沒有不步步高升的。這恐怕是升官的一個竅門，如果將來有人要編一本「高等做官教科書」，「善揣上意」一定是重要的一章。

試看史書上是如何記載鄭注的：

「翼城人鄭注，眇小，目下視，而巧譎傾諂，善揣人意，以醫遊四方，奇貧甚，嘗以藥術干徐州牙將，牙將悦之，薦於節度使李愬。愬餌其藥頗驗，遂有寵，署爲『牙推』（官名）浸預軍政，妄作威福，軍府患之。監軍王守澄以衆情白愬，請去之。愬曰：『注雖如是，然奇才也，將軍試與之語，苟無可取，去之未晚。』乃使注往謁守澄，守澄初有難色，不得已見之，坐語未久，守澄大喜，延之中堂，促膝笑語，恨相見之晚。明日謂愬曰『鄭生誠如公言。』自是又有寵於守澄，權勢益張，愬署爲巡官，列於賓席。注既用事，恐牙將薦己者泄其本末，密以他罪譖之於愬，愬殺之。及守澄入知樞密，挈注以西，爲立居宅，贍給之，遂薦於上，上亦厚遇之。」（見《資治通鑑》新式標點本，七八二六頁）

這是鄭注第一次小試其技。試看監軍王守澄本來是最討壓鄭注的，他要節度使李愬把鄭注去掉，但經鄭注與王守澄見面一談，王守澄竟恨相見之晚，「延之中堂，促膝笑語」，而他對鄭注的信任甚至還超過了李愬。鄭注是因牙將推薦給李愬的，他得勢之後，怕牙將把他的底細說了出來，竟借故叫李愬殺牙將以滅口。

再看鄭注到了京師以後：

「前『頒寧行軍司馬』（官名）鄭注，依倚王守澄，權勢熏灼，上深惡之。侍御史李穎閣內奏彈注：『內通敕使，外連朝士，兩地往來，卜射財賄，晝伏夜動，干竊化權，人不敢言，道路以目，詣付法司。』旬日之間，章數十上。守澄匿注於右軍。左軍中尉韋元素、樞密使楊承和、王踐言皆惡注，左將軍李弘楚說元素曰：『鄭注奸滑無雙，卵鷇不除，使成羽翼，恐爲國患。今因御史所劾匿軍中，弘楚請以中尉意，詐爲有疾，召使治之，來則中尉延與坐，弘楚侍側，伺中尉舉目，擒出杖殺之，中尉因見上叩頭請罪，具言其奸。楊、王必助中尉進言，况中尉有翼戴之功，豈以除奸而獲罪乎！』元素以爲然，召之。注至，蠖屈鼠伏，佞辭泉湧，元素不覺執手親曲，諦聽忘倦。

弘楚調伺再三，元素不顧，以金帛厚送注而遣之。」（同上書七八九三頁）

這一段譯成現代語言，大意是說，鄭注到了京師以後，權勢薰天，連皇帝也不喜歡他。侍御史李穎彈劾他，左軍中尉韋元素、樞密使楊承和、王踐言都恨他，左將軍李弘楚對韋元素說，「你假裝有病，叫鄭注來給你看病，我站在旁邊，等你舉目示意，我就把他擒出殺掉。你再去見皇上請罪，你擁戴皇上有大功，又有楊承和、王踐言幫你講話，難道皇上會因爲你除了奸臣而治你的罪嗎？」韋元素果真聽了李弘楚的話，把鄭注找來了，鄭注彎着腰像耗子一樣，「佞辭泉湧」，（拍馬屁的話滔滔不絕說了出來），韋元素不覺和鄭注握手寒暄起來，聽得忘了疲倦。李弘楚一再以目示意，韋元素都不理會，還厚贈以金帛而去。王涯做宰相，鄭注是幫過忙的，於是王涯把御史李穎的奏章壓了下來，爲他在皇帝面前說了好話，還把鄭注升了官。

最後鄭注是在「甘露事變」（唐文宗時的一次宮廷政變）時被殺的，但那是另一碼事，與他的拍馬術無關。

聽說國民黨的楊永泰也有「揣摩上意」的特殊本領。他是政學系政客，後經黃郛介紹給蔣介石。蔣一見如故，他對楊的信任還超過黃郛。後因蔣幫內部的派系鬥爭，楊永泰在湖北省主席任內被C.C.所暗殺。

可惜鄭注、楊永泰之流都沒有「做官拍馬術」的專著問世，如果有的話，也許可以與「孫子兵法」並傳。

宋太宗的奪權鬥争

宋太祖趙匡胤是以陰謀取得天下的。他本任後周「歸德軍節度使檢太尉、殿前都總檢」。當時後周皇帝年幼，軍權在趙匡胤手裏。他揑造了一個假情報，説遼國與北漢兵入侵。周帝命趙匡胤出征，軍次陳橋，與其弟趙光義嗾使部下擁戴他做了皇帝（所謂「黄袍加身」），篡奪了後周柴氏的政權，改國號爲宋，是爲宋太祖。

宋太祖的母親杜太后臨終時問趙匡胤道：「你知道怎麼當上皇帝的嗎？」匡胤答：「這都是祖宗和您的積德所致。」杜太后説：「不對，這是因爲柴氏國主年幼，所以你得了天下。你死後傳位給光義，光義傳給廷美（匡胤之三弟），廷美傳給德昭（匡胤之子），這樣就不至有幼主了。」杜太后總結了後周亡國的經驗，立了一個兄死弟繼的遺命。

宋開寶元年（九七六年），宋太祖病危。這時太祖之子德昭年已二十五歲，當然不能説是「幼」了。趙匡胤完全有權傳位其子，也決不違背杜太后的遺志。深夜四鼓，皇后（趙匡胤之妻）命王繼恩去召貴州防衛使趙德芳來，德芳是太祖的次子。哪知王繼恩是趙光義的死黨，他不去找趙德芳，反而去開封府（北宋首都）把趙光義找來了。（趙光義封晉王，任開封府尹，即「首都市長」）。時正下着大雪，趙光義不顧雪夜奔來，皇后問王繼恩：「德芳來了嗎？」繼恩説：「没有，晉王來了。」皇后大驚，對趙光義説：「今後我母子的性命在你手中了。」趙光義説：「共保富貴，你放心吧！」趙匡胤是怎麼死的，正史上没有載，很可能是被趙光義所害死的。所以野史上有「燭影斧聲」之説，即在燭影下聽見斧子的聲音，否則皇后不會有母子性命懸於趙光義之手的話。

宋史太宗紀：「癸丑，太祖崩，帝遂即帝位。」特書曰「遂」。遼史景宗紀：「宋主匡胤殂，其弟炅（光義名）自立。」標明是「自立」。過去，封建史家對於皇帝總是隱惡揚善，不敢直書其惡，但在行文裏，還是有春秋筆法的，曰「遂」，曰「自立」，都説明宋太宗之立，非宋太祖本意，事實上趙光義是以弑兄取得帝位的。

宋太宗即位後，他的皇位將來傳給誰呢？如按杜太后的遺命，他必須傳給弟趙廷美；要不然，就得傳給太祖的兒子趙德昭或趙德芳，這都是他所絕對不願意的，他一心一意要傳位給自己的兒子，這就必須把兄弟和太祖的兒子除掉。

宋太宗先想方設法害死趙德昭，因爲他名義上是皇子。據史載，宋太宗征北漢，滅之；再去征遼，無功而返。征北漢是勝利的，征遼却失敗了。這兩次趙德昭都是隨同出征的，太宗以征遼失敗，故對征北漢有功諸將亦未論功行賞。將領們不無怨望，趙德昭向太宗反映了將領們的意見，太宗聽後大怒説：「將來等你做了皇帝再去行賞吧！」德昭害怕，回家後就自殺了。太宗抱屍大哭説：「痴兒，何至於此！」這真叫猫哭耗子，德昭分明是被他逼死的，他還要留幾點鱷魚的眼淚。

宋太平興國六年（九八一）宋太祖的另一兒子趙德芳病死，年二十三歲。這樣宋太祖的兩個兒子均已去世，傳位給太祖兒子的問題便不存在了。

但還有一個封齊王的弟趙廷美在，這是太宗最大的眼中釘，如不把廷美除掉，就成爲太宗傳位其子的最大障礙。因爲杜太后明明遺詔太宗死後應傳其弟廷美的。宋太宗曾徵詢過（實則試探）趙普（太祖時宰相，元老）的意見，說要傳位其弟廷美。這個老奸巨滑的官僚趙普，哪有不明白太宗的真意的。他回答太宗說：「太祖已經做錯了，陛下豈可再錯！」意思是說，趙匡胤不傳位給自己的兒子而傳位給你，已經錯了，你還能跟他錯嗎！這話正說中了太宗的心坎上。於是宋太宗再任命趙普爲相，顯然趙普東山再起的條件便是叫他逼死趙廷美。果然，趙普復相後，立刻就找廷美的差錯。宋興國七年（九八二年）趙普先罷免趙廷美開封府尹職，授西京（洛陽）留守。趙廷美還沒有啟程，趙普又唆使開封府李符上書說：「廷美毫無悔過之意，且心存怨望，不宜去洛陽，應送遠郡安置，以防有變。」宋太宗下旨降封廷美爲涪陵縣公，送房州安置。九八四年趙廷美去房州，憂懼而死。這時宋太宗又假惺惺的悲痛一番，說什麼廷美自少剛愎，長更凶惡，他以同氣至親，不忍置之於法，使居房陵，希望能悔過自新，以後再加重用，不料死了，真是傷心。這叫欲蓋彌彰，其實，誰不知道廷美是被他逼死的，趙廷美一死，宋太宗傳位其子的絆脚石已除，他立刻立自己的兒子趙恒爲太子，即後來的宋真宗。

趙匡胤以陰謀手段篡取政權，當了十六年皇帝，不料自己被同胞弟趙光義所害，自己的兒子、兄弟亦都死在趙光義手中。標榜以「孝」治天下的大宋皇朝，爲爭奪皇位，親骨肉之間互相殘殺，其慘酷正不下於任何王朝。

蔡京的流放

蔡京是宋代著名的奸相，也就是「水滸傳」中的蔡太師。他是被流放而死於潭州的。王明清的「揮塵錄」中有一段記載：

「蔡元長（即蔡京）既南遷，中路有旨取所寵姬慕容、邢、武者三人，以金人指名來索也。元長作詩以別云：『為愛桃花三樹紅，年年歲歲惹東風。如今去逐他人手，誰復樽前念老翁。』初，元長之竄也，道中市食飲之類，問知蔡氏，皆不肯售，至於詬罵，無所不道。州縣吏為驅逐之，稍息。元長轎中獨嘆曰：『京失人心，一至於此。』至潭州，作詞曰：『八十一年住世，四千里外無家。如今流落問天涯，夢到瑤池闕下。玉殿五回命相，彤庭幾度宣麻。只因貪此戀榮華，便有如今事也。』後數日卒。」

蔡京在流放途中，老百姓聽說是蔡京，都不肯賣飲食給他，到處遭人咒罵，使他親歷其境，而嘆曰：「京失人心，一至於此。」真是大快人心！他最後也認識到為了貪戀榮華富貴，至有今日，無奈悔之已晚了！

高俅是蘇東坡的書僮

高俅，在中國是一個膾炙人口的人物。他所以出名，是由於他是「水滸傳」中「逼上梁山」的罪魁禍首，是「官逼民反」的奸臣的典型。關於他的出身，水滸傳中雖有描述，但這是小說家言，不足置信的。讀王明清的「揮塵錄」，知道高俅原來是蘇東坡的一個書僮（小廝），頗工筆札。東坡自翰林出帥中山，就介紹給王晉卿。元符末年（一一〇〇）晉卿任樞密都承旨時，與趙佶（宋徽宗）相熟，這時趙佶還當太子，封端王。有一天王晉卿在殿廬值班，偶與趙佶相遇。趙佶說，「今天我忘記帶篦刀子，你借我梳一下髮好嗎？」晉卿從腰間取出與之，趙佶說，「這篦子式樣很新穎可愛。」晉卿說，「我做了兩副，還有一副未用，回頭叫人送去。」晚上，王晉卿就叫高俅送篦刀子去。（水滸傳中改爲送「鎮紙玉獅子」和「玉龍筆架」）送去時適值趙佶在踢氣球，這裏「水滸傳」裏添枝添葉的描寫一番，也許和事實差不多。趙佶看到高俅踢球踢得很好，非常高興，差人去回覆王晉卿說：「不僅謝謝你送我的篦子，連你差來的人我也收下來了。」由是日見親信。不久趙佶登基做了皇帝（宋徽宗）高俅就步步高升，別的人想援例求官，徽宗說：「你們有高俅的好脚嗎？」數年間建節，循至使相，遍歷三衙者二十年，領殿前司職事。高俅的父親敦復，亦做了節度使，兄伸，自說已中了進士，直赴殿試。子侄皆爲郎官。極一時之富貴。然不忘蘇氏，每當蘇東坡的後代去京都時，高俅問候甚勤。靖康初，徽宗南下，高俅從駕至臨淮，稱病辭職歸京師。後來其他奸臣如童貫、梁師成等都伏誅，高俅獨得善終。

（見《揮塵錄》後錄卷七「高俅本東坡小吏」）

司馬光論正統與紀年

司馬光《資治通鑑》上，對魏、蜀、吳三國的記載，是以魏爲紀年的。這裏司馬光寫了一段按語（《資治通鑑》上「臣光曰」，即爲司馬光對某一歷史事件所作的評論或按語，因爲他的書是寫給宋英宗皇帝看的，他發表自己的意見不能不用「臣光曰」。）他說：

「竊以爲苟不能使九州合爲一統，皆有天子之名而無其實者也。雖華夷仁暴，大小强弱，或時不同，要皆與古之列國無異，豈獨得尊獎一國謂之正統，而其餘皆僭僞哉！若以自上相授者爲正耶，則陳氏何所受？拓跋氏何所受？若以居中夏者爲正耶，則劉、石、慕容、苻、姚、赫連所得之土，皆五帝、三王之舊都也。若以有道德者爲正耶，則蕞爾之國，必有令主，三代之季，豈無僻主？是以正閏之論，自古及今，未有能通其義，確然使人不可移奪者也。臣今所述，止欲叙國家之興衰，著生民之休戚，使觀者自擇其善惡得失，以爲勸戒，非若春秋褒貶之法，撥亂世，反諸正也。正閏之際，非所敢知，但據其功業之實而言之，……然天下離析之際，不可無歲、月、日以識事之前後，據漢傳於魏而晉受之，晉傳於宋以至於陳而隋取之，唐傳於梁以至於周而大宋承之，故不得不取魏、宋、齊、梁、陳、後梁、後唐、後晉、後漢、後周年號，以紀諸國之事，非尊此而卑彼，有正閏之辨也。昭烈（指劉備）之於漢，雖云中山靖王之後，而族屬疏遠，不能記其世數名位……是非難辨，故不敢以光武及晉元帝爲比，使得紹漢氏之遺統也」（《通鑑》卷六十九，魏紀一）。

司馬光這個意見很對，究竟什麼算「正統」（正）「非正統」（閏），這是很難有客觀的標準的。除非全國統一（如漢、唐、宋、元、明、清）那當然不發生「正閏」（正統，非正統）的問題，否則像三國的魏、蜀、吳，或南北朝那樣國家處於分裂的狀態之下，誰算「正統」，誰非「正統」？但寫歷史的不能不記年、月、日、這就不能不取某一國家的朝代作爲記年、月、日的根據。司馬光是以魏爲三國時代的紀年的，這裏他說並不含有尊此而薄彼，或定魏爲正統，而吳、蜀爲「僭僞」的意思。一定要說劉備才是三國的正統，認爲劉備姓劉，自稱「中山靖王之後」，也說不過去，因爲劉備與中山靖王（劉勝）「族屬疏遠，不能記其世數名位」，這與漢光武劉秀之爲長沙定王劉發（景帝子）的後代有所不同。這就是司馬光的意見。

曾有人認爲如果使用封建王朝爲紀年，便是承認封建王朝是歷史的正統。既然農民起義是推動中國歷史的動力。我們爲什麼不以農民運動或農民起義來作爲中國歷史的紀年呢！但農民起義這條綫在中國歷史上又串聯不起來，這樣中國歷史便無法寫了。這種識見，真比封建史家的司馬光還不如，司馬光還知道歷史朝代的紀年只是用來「記諸國之事，非尊此而卑彼，有正閏之分也。」

解放以後，我們是用公元紀年的，但公元是以耶蘇基督誕生爲準的。是不是因此我們就信奉耶蘇基督呢？當然不是這樣。過去柳亞子先生曾主張過以馬克思誕辰爲「聖誕節」，並以馬克思誕生之年（一八一八）爲元年，這樣所有歷史年代都要重新改過，「何許子之不憚煩也！」

我主張寫中國歷史仍用中國封建王朝年號，但附以西曆紀年，例如清乾隆六十年（一七九五），這樣使我們既知道中國是什麼朝代，同時亦知道相當於西曆幾年。

元代的賞罰制度

元是蒙古的遊牧民族，入主中國，根本沒有什麼法令，有些獎罰是很可笑的。讀《續資治通鑑》卷一百九十一，元世祖至元三十一年（一二九四）：

「有奴告主者，主被誅，詔即以其所居官與之。博果密言：『若此，必大壞天下之風俗，使人情愈薄，無復上下之分矣。』帝悟，爲追廢前命。」（新式標點本，頁五二二二）

又：「阿實克布哈，忠直廉介，常命出太府金分賜諸王、貴戚及近待。方出朝，見一人倉惶若有所懼狀，曰：『此必盜金者』，召詰之，果得黃金五十兩，白金百兩，以聞，就以金賜之，命誅盜者。辭曰：『盜誅固當，金非臣所宜得，願還金以贖盜死。』帝悅而從之。」（頁五二五五）

又：「樞密院判官鄭制宜遷湖北省參政，陛辭。帝曰：『汝父死五事，賞未及汝。近者約蘇穆爾伏誅，已籍沒其財產、人畜，汝擇其佳者取之』。制宜對曰：『彼以賊敗，臣復取之，寧無污乎！』帝賢其所守，賜白金五十兩。」(同上，頁五二一四)

奴告主，即以主的官賞他去做；官緝盜即以盜的贓賞給官。叫人隨意取籍沒官吏的財產、人畜，以爲獎賞。雖然這裏記載的都因爲有人反對而未得實現，未得實現是例外，故特載之於史書，一般都是照此辨理的。這真是最原始的獎罰方式。

元順帝的荒淫與奇巧

每一朝代的末代皇帝，大多是荒淫遊宴，怠於政事的，否則也不會弄到亡國了。元朝的末代皇帝是元順帝，其荒於酒色，不下於隋煬帝楊廣。不過順帝倒沒有被殺。明朱元璋北伐軍節節勝利之後，順帝於一三六八年（順帝至正二十八年）偕后妃太子等自大都（北平）逃到上都（今內蒙多倫縣東南），元亡。後兩年因痢疾病逝於應昌，年五十一歲，在位三十六年。

元順帝的荒淫，在《續資治通鑑》上有如下的紀載：

有哈瑪爾（蒙古人名）介紹西域和尚，教順帝以「延徹爾」法，「延徹爾」就是「大喜樂」的意思，是一種房中術（即男女性愛之術）。哈瑪爾的妹婿名圖魯特穆爾的（均蒙古人名），任集賢學士，本來是順帝的寵臣，與婁都爾蘇、巴朗等十個人，都稱「伊納克」。圖魯特穆爾性情狡詐，順帝很信任他，言聽計從，亦介紹西蕃和尚策琳沁於帝，這和尚會「秘密法」（亦房中術）。策琳沁對順帝說：「陛下居萬乘之尊，富有四海，亦不過一輩子，人生幾何，應及時行樂，我教你秘密大喜樂禪定。」順帝又學會了。順帝封西天僧爲司徒，西蕃僧爲大元國師，取良家婦女陪伴他們，名爲「供養」。順帝整天從事這種秘密法。伊納克輩用朝鮮女子爲耳目，專打聽貴族和平民的妻女，擇其美貌而淫蕩的送進宮裏，住了幾天再放出去。巴朗是順帝的弟弟，他同伊納克等都和順帝一起，男女赤裸，相與褻狎，把這種房子叫「事事無礙」室。君臣宣淫，和尚輩出入宮廷，無所顧忌，醜聲穢行，著聞於外，雖市井之人都覺得不堪入耳。皇太子年紀慢慢大了，尤深惡圖魯特穆爾

等這種做法，但無力把它除掉。(以上見《續資治通鑑》卷二百十一，元紀二十九，新式標點本五七六三頁)

順帝看到太子不喜歡他們這麼胡搞，對伊納克說：「太子不懂秘密佛法，其實這是可以延年益壽的。」於是叫圖魯特穆爾教太子以「秘密佛法」，太子也學起來了，在清寧殿上鋪上地蓆，令西蕃和尚與高麗女相互性交，太子對左右說：「李先生教我唸了多年書，我一點也不記得書裏說的是什麼，西蕃僧教我秘密佛法，我一晚便學會了。」於是太子再也不討厭伊納克等，而整天沉溺於男女苟合之事了。(見同上書五九〇一頁)

但元順帝却是一個十分出色的建築工程師，史載：

「帝於内苑造龍船……帝自製船樣，首尾長一百二十尺，廣二十尺，前瓦簾、棚、穿廊、兩暖閣，後吾殿樓子。龍身並殿宇用五彩金妝，前有兩爪。上用水手二十四人。……自後宮至前宮山下海子内，往來遊戲，行時，其龍首、眼、口、爪、尾皆動。

又自製宮漏，約高六、七尺，廣半之，造木爲櫃，陰藏諸壺其中，運水上下，櫃上設西方三聖殿，櫃腰立玉女捧時刻籌，時至，輒浮水而上。左右立兩金甲神，一懸鐘、一懸鉦，夜則神人自能按更而擊，無分毫厘。當鐘鉦之鳴，獅鳳在側者皆翔舞。櫃之西東有日月宮，飛仙六人立宮前，遇子午時，飛仙自能偶進，度仙橋，達三聖殿，已而復退立如前，其精巧絶出，人謂前代所未有。」(見同上書五七七四頁)

你看，順帝所製的宮漏，不是比英國在十八世紀送給乾隆皇帝(當時叫「進貢」)後來陳列在故宮博物院的自鳴鐘，還要更勝一等嗎！而順帝在十四世紀就造出這樣的宮漏來了。

順帝又爲他所寵信的臣子蓋房子，親畫圖樣，「自削木構宮，高尺餘，棟樑楹檻，宛轉皆具，付匠者按此式爲之」（即建築模型），京師遂稱順帝爲「魯般天子」！

順帝如把他的精力用在建築營造上，也許會在我國建築史做出更大的貢獻，可惜他是皇帝，縱情淫樂，他又創「十六天魔舞」，用十六個美女，教她們「首垂髮數辮，戴象牙佛冠，身披纓絡大紅銷金長短裙、金雜襖雲肩，合袖天衣、綬帶、鞋襪，各執加巴喇般之器，由一人執鈴杵奏樂。」宮官要受「秘密戒」的才能參與舞會。皇后諫曰：「陛下年事已大，太子亦長大了，有這麼多女子侍候你也够了，不要再搞天魔舞女，以愛惜自己的身體。」順帝大怒說：「古今來只我一人如此嗎？」竟兩個月不上皇后宮裏去。

皇帝這樣荒淫無度，大臣呢？真是「上有好者，下必有甚焉」。雅克特穆爾（《元史》作「燕鐵木兒」）是順帝即位前的權臣：他挾震主之威，奢侈淫佚，每一宴會，要宰十三匹馬，娶泰定帝的皇后爲夫人，前後娶宗室之女四十人，有的交禮三天便送回去，姬妾衆多，連姓名也不記得。有一天出席趙世延的宴會，男女雜坐，名「鴛鴦會」，雅克特穆爾看到席上有一女子，長得非常美麗，問左右說：「這是誰家的？」左右說：「這是您的家妾呵！」於是荒淫日甚，終於色慾過度而死！(見同上書五六二四頁)

過去北洋軍閥張宗昌說他不知道自己有多少姨太太，看來這個蒙古宰相比張宗昌更荒唐，在宴會上遇到自己的小老婆也不認識，其後房之多，可以想見了！

君臣都如此，元朝怎能不亡國呢！

論朱元璋的兩重性格

「聖賢豪杰盜賊之性實兼而有之」——趙翼

中國封建王朝二千數百年的歷史中，以一個平民（即所謂「布衣」），毫無憑籍，崛起草澤之中，刈平羣雄，取得天下，做了皇帝的，最著名的有兩個人：一個是漢高帝劉邦，一個是明太祖朱元璋。

劉邦與朱元璋，一個出身流氓，一個出身貧農，手無一兵一卒，家無隔宿之糧，因時乘勢，起於閭巷，逐鹿中原，卒成帝業，這一定要有非凡的才具，天賦的聰明，鋼鐵般的毅力，和殘忍的性格，否則不足以取天下。在封建時代，人們就委之於「天意」，或「天命所歸」。司馬遷在《秦漢之際月表》中講到漢高帝時說：「此乃傳之所謂大聖乎！豈非天哉！豈非天哉！」對於朱元璋，至今我國民間還流傳着「真命天子」的種種神話。記得我在幼年還聽過鳳陽花鼓：「說鳳陽，道鳳陽，鳳陽本是好地方，自從出了朱洪武，十年倒有九年荒。」據說鳳陽的「風水」，被一個皇帝所獨佔，從此就倒霉，年年鬧災荒了。

朱元璋出身貧寒，他自己是從不諱言的，這一點他比陳涉强。陳涉自立爲王以後，有故人來看他，談起他微時的故事，陳涉認爲丟他的臉，竟把故人殺了。朱元璋則不然，他做了皇帝之後，御製「皇陵碑」，自述幼年流離艱苦之狀，「裸葬父母，剃髮沙門，乞食江淮。」陳涉之成不了氣候，於此亦可說明。

朱元璋所以能統一天下，得力於堅決執行不多殺人的政策。他初遇李善長時，李即建言要效法漢高帝的豁達大度，不嗜殺人以取天下。當攻打和州時，諸將領有軍紀不嚴，殘害平民的事，范常對朱元璋說：「如得一城而使人民肝腦塗地，何以能成大事！」朱元璋就命諸將把所俘獲的婦女全部遣送回家。渡江取太平時，他令李善長預書禁令榜文，入城後貼於通衢，兵士紀律嚴明，誰也不敢違令。及將取鎮江，朱元璋故坐諸將以重罪，令李善長再三求情，然後下令說如不殺害百姓，就可以免罪，故入城之後，老百姓幾不知有兵事。池州之役，徐達、常遇春敗陳友諒兵，俘三千人，常遇春要把俘虜全部殺掉，徐達不同意，報告朱元璋，朱命令將俘虜全部釋放。(可惜在朱元璋命令到達前已被常遇春殺了一部分。）當常遇春包圍熊天瑞於贛州，城久攻不下，朱元璋怕常遇春多殺，告誡他說：「得了城鎮，沒有老百姓，又有何用呢？」於是圍而不攻，過半年才克服。朱元璋戒諸將說：「克城以武，戡亂以仁，吾比入安慶，秋毫無犯，故一舉而定，每聞諸將得一城不妄殺，輒喜不自勝。」（見《明史》太祖本紀）。因此諸將都順承風旨，相互以不妄殺掠爲戒。潘元明以杭州城降於李文忠（明將），李身宿樵樓，其部下有搶老百姓飯鍋的，李立令將士兵斬首。當時羣雄並起，張士誠、陳友諒之徒，燒殺虜掠，人民塗炭，城鄉爲墟；獨朱元璋軍紀嚴明，愛護百姓，優待俘虜，故人民擁護，天下歸心，義師所至，所向無敵，卒能統一中國，決非偶然！

但朱元璋一旦統一了中國，建號稱帝之後，其殺戮功臣，殘忍刻薄，亦爲史所罕見，漢高祖雖亦謀殺功臣，但他所殺的亦僅韓信、彭越，至於欒布、竇綰，韓王信，則是因爲他們要謀反而被殺的，而且多不過全家族滅，未聞誅連至數萬之多。獨朱元璋於天下平定之後，屢興大獄，把所有跟他出死入生的武將功臣，全部斬盡殺絕，其慘無人道，曠古未聞。他兩次大興黨獄，一次是一三八

○（明洪武十三年）的胡維庸案，一次是一三九三年（洪武二十六年）的藍玉案，胡惟庸是左丞相，朱元璋借口說他通蒙古和倭寇（日本）謀反，當時不過殺胡惟庸、陳寧、徐節等數人，而在事隔十年之後（一三九〇年）又以追查胡逆餘黨爲名，再興大獄，一起殺了三萬多人，連李善長那樣的開國元勛，年已七十有七，也因胡案牽連，全家大小七十餘口一同被殺。另一次是藍玉案，誅連被殺的達一萬五千餘人。於是功臣宿將，一網打盡，無一孑遺。有的雖不是明令殺戮，也被朱元璋間接害死。如徐達病疽，朱元璋賜以蒸鵝，據說疽最忌鵝，徐知帝意，流涕食之，遂死。常遇春年僅四十，「暴疾卒」，是何「暴疾」，不得而知。徐、常死後雖備極哀榮，實亦並非善終。罪名最荒唐的是李善長之被殺。李在胡惟庸處死十年之後，竟說他要幫胡惟庸造反，真是荒唐可笑！李善長被殺一年之後，虞部郎中王國用上疏朱元璋說：李善長與陛下同心，出萬死以取天下，勛臣第一，生封公，死封王，兒子是駙馬，人臣的地位沒有比他再高的了，如果說他自己想做皇帝，圖謀不軌，還勉强可以說得過去，而現在却說他要幫胡惟庸造反，縱使造反成功，也不會比現在地位更高，而要冒殺身的危險，哪有這樣愚蠢的事呢？朱元璋讀了上疏也不加責備，其實朱元璋心裏何嘗不明白，他不過存心要殺李善長，總不能不找個題目。真所謂「欲加之罪，何患無辭！」

在佐朱元璋取天下的功臣宿將中，從《明史》上看，得善終的只有湯和一個人。「當時公候、諸宿將坐奸黨，先後麗法，稀得免者，和獨享壽考，以功名終。」（見《明史》湯和傳）。別的人多是「坐奸黨誅」，「坐胡惟庸黨死」，「坐藍黨誅」等等。朱元璋這樣慘無人性的殺戮功臣，連皇太子也覺得太過分了，有一天朱元璋放了一根長滿了刺的荆棘在地上，叫皇太子撿起來，太子面有難色，朱元璋說：你也知道有刺的荆棘不好拿，我今天殺他們，就爲的是把刺削平，使你將來可以安坐天下呵！所以趙翼說：「明祖起事雖早，而天下大定，則年已六十餘，懿文太子又柔仁，懿文死，孫更孱弱，遂不得不爲身後之慮，是以兩興大獄，一網打盡，此可以推見其心跡也。」（見趙翼《廿二史札記》）

再說到文臣：朱元璋以遊丐起家，目不知書，但他頗尊重儒生，這一點他和劉邦不同。他羅致了許多有名文士如宋濂、劉基之流。當徐達去攻鎮江時，令訪宿儒秦從龍，後禮聘至南京，朱元璋與之朝夕過從，又以從龍薦聘陳遇，陳不願做官，而朱元璋對陳遇的尊寵過於勛戚，呼爲「先生」而不名。他每攻佔一個地方，都要打聽當地的老師宿儒，向他們請教，或羅致門下，真正做到了「禮賢下士」的地步。後又設置行中書省（相當於機要處），在中書省安置了許多有名的文人，隨時召見，討論治平之道。看起來，在創業時期，朱元璋對於知識分子確實是十分尊重的。他常說：「聽儒生議論，可以開發神智。」

但自從朱元璋做了皇帝之後，他便大興文字之獄，殺戮文人，亦遠遠超過不尊重儒生的漢高帝。即文人學士，一授了官職，亦不知什麼時候會被殺，文官亦很少善終的。

以文字獄來說：比較著名的幾個案子，如浙江府學教授林元亮爲海門衛作《謝增俸表》中有「作則垂憲」一語被殺；北平府學訓導趙伯寧作《萬壽表》中有「以垂子孫而作則」一語被殺。林伯璟爲按察使撰《賀冬表》中有「以儀則天下」一語被殺。杭州徐一夔賀表中有「光天之下，天生聖人，爲世作則」一語被殺。吳憲作《賀立太孫表》中有「永紹億年，天下有道」一語被殺。類此之例，不下數十百起。朱元璋認爲「則」「賊」同音，是譏諷他作過「賊」，「光」是說他剃了光頭，「生」與僧同音，是說他當過「和尚」，「天下有道」就是天下有「盜」，這真令人哭笑不得。文人學士寫了歌功頌德拍馬屁的表文，反而要殺頭！其實，朱元璋雖然不通文墨，但他天資聰明，起義後與文人接觸，亦學得不少文化，還懂得一點經史。他難道不知道「則」字作「法則」解，「生」與「僧」音同而義異！他之所以屢興文字之獄，目的是在使儒生戰戰競競不敢舞文弄墨，這是一種有意識、有計劃的整知識分子的政策。如果有人認爲朱元璋粗野不通文化，以致冤枉殺死一些文人，那未免太小覷他了！這和他大殺功臣一樣，假如有人同他辯論（當然這是不會有的事），說胡惟庸、藍玉要造反是冤枉的，這只會叫他笑破了肚皮，因爲他比你知道得更清楚，冤獄本身就是他製造出來的。

朱元璋對於文臣的殺戮，也是非常殘忍的。宋濂以一代名儒，參與朱元璋機密十餘年，又是皇太子的師傅，忠心耿耿，謹小慎微，一三八〇年（洪武十三年）因他的長孫與胡惟庸案有關連，朱元璋一定要殺他，後因皇后與太子極力營救，才幸免一死，流放到茂州去。又如劉基，據說是被胡惟庸毒死的，安知不是朱元璋所授意。所以解縉有「劉基徐達忌」的話。李仕魯亦有：「徐達劉基之見猜，幾等於蕭何韓信。」其他如茹太素，以抗直不屈死，李仕魯以諫帝惑僧言，命武士摔死於階下，王樸、張衡俱以言事死，孔克從陶凱朱同俱坐事死。其餘的或因胡藍兩案的連累，或以別事而誅滅者，亦不可勝計。

武將被殺，文臣也被殺，甚至歌功頌德拍馬屁的人也要被殺，真令人無所措手足。據野史上說：明太祖時，「京官每旦入朝，必與妻子訣別，及暮無事，則相慶以爲又活一日。」（見趙翼：《廿二史札記》）這是多麼可怕的日子。

正因爲這樣，所以凡稍有氣節的人就不願出來做官了，例如楊維楨以纂修禮樂書被徵至京師，留百餘日「乞骸骨」歸（退休）。宋濂贈以詩曰：「白衣宣至白衣還」。（無官職謂之「白衣」）。胡翰應修元史之聘，書成，受奬歸。趙壎、陳基亦修元史，不願做官，賜金歸。張昱徵至，以老不仕，陶宗儀被薦，不就。王逢以文學，徵其子掖爲通事司，以父年高乞免。但不願做官，有時亦會得罪的，說你是心懷不滿「抗旨」！在封建帝王獨裁統治之下欲「苟全性命於盛世」，亦大非易事，趙翼在《廿二史札記》上說：「獨至明祖，藉諸功臣以取天下，及天下既定，即盡取天下之人而盡殺之，其殘忍實千古所未有，蓋雄猜好殺，本其天性。」又說明太祖一人「聖賢豪傑盜賊之性實兼而有之。」實爲知言。

我認爲像劉邦、朱元璋這樣的人，他們的性格是很複雜的，往往具有兩重性格，他有大仁、大智、大勇，同時又殘暴狠毒，無復人性。他們的所作所爲，有非常理所能解釋者。但如果我們用辯證唯物主義的觀點，則亦不難理解。朱元璋所做的一切都是爲着一個目的：即奪取政權，鞏固政權。他不多殺人是爲奪取政權，他大殺功臣，是爲鞏固政權。爲了取得和鞏固他的獨裁政權，他是不擇手段的。這是中國「真命天子」的本色，也是能成大事的「英雄」的本色。

不僅是劉邦與朱元璋，各國歷史上凡是白手起家，做了「皇帝」的人，大概都具有這雙重性格，也就是要具有這種「聖賢豪傑盜賊之性」兼而有之的特色！

想不到到了二十世紀，中國還出了一個毛澤東。毛「皇帝」的所作所爲，不就是朱元璋的翻版嗎！他在取得政權以前，寫的文章，做的報告，是多麼合情合理，對知識份子是多麼重視。一旦取得政權以後，大整知識份子，大興文字之獄，大殺功臣，連劉少奇，彭德懷，賀龍這樣的開國元勛，也不放過，一一被他害死，株連之衆，也不下於朱元璋時代。

像劉邦、朱元璋，毛澤東這樣白手起家，取得天下的人，非有「聖賢豪傑盜賊流氓」的雙重性格不可，於此又可得一證明。

皇帝的詩

讀《明史》列傳卷第二十七，有茹太素傳：「太素抗直不屈，屢瀕於罪，帝（指明太祖）時宥之。一日宴便殿，賜之酒曰：「金杯同汝飲，白刃不相饒。」太素叩首，即續韵對曰：「丹誠圖報國，不避聖心焦。」帝爲惻然。未幾，謫御史，復坐排陷詹徽，與同官十二人，俱鐐足治事。後竟坐法死。」

「金杯同汝飲，白刃不相饒」。這真是皇帝的詩，非明太祖不能道。語云：「侍君如侍虎」，又云：「朝爲座上客，暮作階下囚。」對封建帝王來說，就不是什麼「階下囚」，而是「棄市」，「赤族」抄家滅種的問題了。茹太素後來果然爲明太祖所殺害，應了「白刃不相饒」一語。

賞罰分明

也是這個茹太素，有一次他給明太祖上了一個萬言書，明太祖叫中書郎王敏唸給他聽，其中說到「才能之士，近年來幸存者百無一二」，現在所任用的盡是些「迂儒俗吏」。太祖大怒，召太素來當面詰問，還打了他屁股。但太素的萬言書，當天沒有唸完。第二天明太祖在宮裏又叫人繼續唸給他聽，裏面有可行的四項建議，太祖採納了他的意見，並把他升了官。太祖說：「爲君難，爲臣亦不易，你的意見很好，但廢話太多，有五百字就够了。」(見《明史》卷一百三十九，列傳二十七)。

朱元璋並沒有因爲茹太素說話不中聽而不把奏章聽完，一方面責罰他廢話多，一方面仍採納他的良好建議。這比當今的「聖上」，因爲彭德懷上了萬言書，就把他打入十八重地獄，英明得多了。

此明太祖之所以爲明太祖歟！

嚴嵩敗於方士

嚴嵩是明代的奸相，在人民羣衆中幾乎和宋代的秦檜一樣，成爲「奸臣」的同義語。在明嘉靖年間（十六世紀），他仕至少師太子太傅，吏部尚書。他同兒子嚴世蕃同惡共濟，專權用事，貪贓枉法，結交内侍，殺戮忠良，乾兒門生，布滿天下。當時多少内外大臣想攻倒他，無奈昏君嘉靖皇帝對嚴嵩十分信任，非但没有把嚴嵩攻倒，反而一一被他所陷害，或殺或逐，無一幸免。

但嚴嵩後來却敗在方士身上，原來明世宗（即嘉靖）相信扶乩。方士藍道行，以扶乩爲世宗所寵信，道行素惡嚴嵩。世宗問「天下何以不太平？」道士假借乩語説因爲「嚴嵩奸惡」。帝問「既如此，上仙何以不殺他？」答曰：「留待皇帝自己殺。」（見《明史》列傳第一百九十五）世宗心動，決逐嚴嵩。御史鄒應龍偵知此事，遂上書極言嚴嵩父子種種罪惡，世宗遂罷免嚴嵩，下其子世蕃於獄，不久伏誅。嚴嵩被黜爲民，寄食墓舍以死。死時年已八十多歲。

清代紀昀評論此事説：「藍道行嘗假此術（指扶乩）以敗嚴嵩，論者不甚以爲非，惡嵩故也。然楊（繼盛）沈（錬）諸公喋血碎首而不能争者，一方士從容談笑，乃制其死命，則其力亦大矣。」（見「閱微草堂筆記」）

嚴嵩父子籍没（抄家）時，金珠財寶，及一切財産逐項登記，後有人輯爲「天水冰山錄」一册，蓋取「太陽一出冰山頽」之義。這是厚厚一大本的財産清單，其實不過是嚴嵩財産的一小部分，因爲抄家以前，大部分已經隱匿起來，另一部分行賄於當道。僅就這一部分看已經很驚人了。

茲載其大略，計有：

金　純金共一萬三千一百七十一兩。

各項金器，三千八百零五件，計重一萬三千三百三十九兩。

金鑲珠寶首飾共一千八百零三件，重二千七百九十二兩。

通共净金，净金器皿首飾等項共重三萬二千九百六十九兩。

銀　净銀二百零一萬三千四百七十八兩。

銀器皿共有一千六百四十九件，重一萬三千三百五十七兩。

通共净銀並器皿首飾共重二百零二萬七千九十兩。

玉　玉器八百五十七件，重三千五百二十九兩。

玉帶二百二件，珍珠、寶石、琥珀、珊瑚、瑪瑙、珍奇古玩共三千五百五十件副。

硃砂　二百五十斤。

檀香、沉香、降速等香二百九十一根，共重五千五十八斤，有奇楠香三塊，沉香山四座。

緞、絹、羅、紗等等共一萬四千三百三十一疋。絲棉四百八十七斤。

各色扇柄　二萬七千三百零八把。

古今名琴　五十四張。

各種螺鈿石牀　六百四十張；古今名字畫不計其數。

房屋，僅江西一省，分南昌、宜昌、分宜三處共六千七百零四間，共五十一所。北京房屋一千七百餘間。

此外還有金絲帳，壘金絲爲之，輕細洞澈。八寶金溺器、金觸器等物，執事恐駭人聽聞，均銷之以金報數了。

（「天水冰山錄」，解放前曾由神州國光社發行，輯入「明武宗外紀」一書中，財産目錄共達二百餘頁，玆所摘錄，不及其中之什一。）

不要碰在皇帝的瘡疤上

《明史》「嚴嵩傳」，附記嚴世蕃（嵩子）有一段：

「御史林潤嘗劾懋卿（世蕃死黨），懼相及，因與諫臣謀發其罪，見及冤殺楊繼盛，沈鏈狀。世蕃喜，謂其黨曰：『無恐，獄自解。』法司黃光昇等以讞詞白徐階。階曰：『諸公欲生之乎？』僉曰：『必欲死之。』曰：『若是，適所以生之也。夫楊、沈之獄，嵩皆巧取上旨，今顯及之，是彰上過也。必如是，諸君且不測，嚴公子騎款遐出都門矣。』爲手削其章，獨按龍文與汪直姻舊，爲交通賄世蕃乞官，世蕃用彭孔言，以南昌倉地有王氣，取以治第，制擬王者。又結宗人典模陰伺非常，多聚亡命。龍文又招直餘黨五百人，謀爲世蕃外投日本，先所發遣世蕃班頭牛信，亦自山海衛棄伍北走，誘致外兵，共相響應。即日令光昇等疾書奏之。世蕃聞，詫曰：『死矣！』遂斬於市。」

（見《明史》列傳一百九十六，新式標點本，頁七九二〇—七九二一）

皇帝總是不肯認錯的，楊繼盛、沈鏈的被殺，人皆知其冤，但這是出於昏君自己的主意，不過假嚴嵩之手而已。如果用這兩件事來攻嚴嵩父子，非但不可能把他們攻倒，攻的人自己反而要碰大釘子。撇開這兩件事，說嚴世蕃想造反，這一下就置世蕃於死地了。徐階的高明之處在此。

嚴嵩父子的罪惡滔天，真乃人皆曰可殺的奸賊，但彈劾嚴嵩不要碰在皇帝的瘡疤上，否則還是要大吃苦頭的。

這就是歷史給我們的教訓！

康熙「立太子」的苦惱

有清一代，最英明的皇帝大概要算康熙了。他在位六十一年，爲大清帝國奠定了基礎，平定了三藩之亂，統一了中國。《清史稿》上說：「雖曰守成，實同開創」是有道理的。他實事求是，虛心好學，勵精圖治，不務虛名，在封建皇朝歷史上也應該說是一個好皇帝，文治武功足與漢武帝唐太宗相比美。但康熙也被「建儲」（即立太子）這一問題所深深地苦惱，一直到他去世，這問題也沒有得到解決。雍正之立，顯然不是他的意思，雍正是以陰謀取得帝位的。

康熙共三十四個兒子，其中有十五個早殤，可以不論，長大成人的有十九人。一六七五年（康熙十四年）他立第二子允礽爲皇太子。時太子年幼，康熙親自教他讀書，六歲時又聘著名文士張英，李光地做他的老師。太子通滿漢文字，長於騎射，還會做詩。但到了一七〇八年（康熙四十七年），當康熙在布爾哈蘇台狩獵時，他把王大臣、太子叫來，下諭把太子廢了。他說太子「不法祖德」，不聽他話，暴戾淫亂，他包容了二十多年，哪知越來越壞，每夜偷偷窺伺他的行動，他不知道自己什麼時候會被太子所毒死或殺死，日夜不得安寧。像這樣「不孝不仁」的人，決不能付以天下。康熙一面說，一面哭，竟至仆地，他下令將太子允礽逮捕，命允禔（康熙長子）監視他。

康熙廢太子後，憤懣不已，多天也睡不着覺。他說，看允礽行事，和平常人大不一樣，好像有鬼物附在他身上，害顛狂病似的。康熙把廢太子事詔告天下，還親自撰文祭告天地、社稷和歷代祖先。文中說：「我雖有許多兒子，但都遠不及我，如大清曆數綿長，就延長我的壽命，我當益加勤勉，如國家無福，就降罪於我本人，以保全我的令名。」看來，康熙於廢太子一事是非常認真的，決非一時的感情用事。

允礽被廢以後，諸皇子間爭奪繼位的鬥爭就更白熱化了。其中進行得最積極的是皇八子允禩。皇長子允禔上奏說：「允礽所行卑污、失人心，有術士張明德看允禩的相，說他將來必定大貴，父皇要殺允礽的話，不必您親自動手。」真是殺機畢露。擁戴允禩的還有允禟（九子）、允䄉（十子），允禵（十四子）和一部分王大臣。但康熙對此是非常反感的。他先下詔說：「諸皇子中有謀爲皇太子者，即國之賊，法所不容。」後又下諭說：「允禩每妄博虛名，凡我所施恩澤，都歸功於他，等於又是一太子，以後如有人說允禩好的非殺不可！」第二天又把諸皇子叫來，說：「當廢允礽時，我就對你們說過，你們中誰要想鑽營做皇太子的，就是國賊，爲法所不容。允禩奸詐成性，妄蓄大志，勾結黨羽，想謀害允礽，現在事情已經敗露，立刻鎖拿，交議政處審理。」允禟告訴允禵，進去營救允禩，康熙大怒，拔出佩刀要殺允禵，允祺跪抱勸止。康熙又審問術士張明德，辭連好幾個王公大臣，結果張明德凌遲處死，普奇奪公爵，允禩亦奪貝勒。

一七〇九年（康熙四十八年）正月，康熙又追查誰先倡議立允禩爲太子的，羣臣不敢回答，康熙指名問大學士張玉發，張玉發說：「我是從馬齊那裏先聽到的。」康熙就把馬齊逮捕監禁，後來他知道馬齊是冤枉的，才把他放了。

不久，皇三子允祉揭發允禔叫蒙古喇嘛巴漢格隆厭勝太子事（厭勝或魘魔法是我國道教中甚爲流行的一種巫術，據說被厭的人可以發病以至喪命。《紅樓夢》二十五回中曾描寫趙姨娘收買馬道婆用厭勝法使鳳姐與寶玉得狂易之症，可知這在當時是很流行的。）看來，允祉與太子允礽是一黨，他們與允禔（擁戴允禩）一黨是對立的。康熙令侍衛檢查允礽的居室，果然發現厭勝物十多件。康熙召允礽入見，詢問過去他所做的事，允礽竟有全不記得的，因此康熙相信太子的喪失本性，純由於魘魔所致。康熙說：「讀古代歷史，太子被廢後都是不得好死的。做人君也沒有不後悔的。前我把允礽逮捕，我心中不開心，以後召見一次，心中舒暢一次。現在真相大白，我病也好了。」於是於一七〇九年三月恢復允礽爲皇太子，又昭告宗廟，佈聞全國。

但是到了一七一二年（康熙五十一年），康熙又把太子廢了，拘禁在咸安宮。原因是康熙發現太子結黨營私，其黨羽有受賄及貪婪不法情事。毫無疑問，自太子再立之後，諸皇子中的爭奪「皇儲」（接班人）的鬥爭並沒有結束，他們一定千方百計刺探揭發太子的陰私以圖再度廢立，結果終於達到了目的。

自允礽再度被廢以後，終康熙去世，未再立皇太子。一七一三年（康熙五十二年）趙中喬疏請立太子，康熙上諭說：「建儲（即立太子）大事，未可輕言……漢唐往事，太子年幼，還可以保無事，若太子年長，左右羣小結黨營私，很少能無過失的。太子爲國本，我豈不知道，立非其人，關係不輕。允礽儀表、學問、才具都很不錯，但行事乖謬，不仁不孝，非顛狂是什麼呢！凡人年輕時還可教訓，及長大而誘於黨類，便各有所爲，拘管也不行了。所以立皇太子一事未可輕定。」

一七一八年（康熙五十七年），這時康熙已六十五歲，有檢討朱天保上疏請復立允礽爲皇太子，康熙親自在行宮審問他：「你怎麼知道的，何以要違旨上奏？」朱天保說：「我從父親那裏知道，是我父親教我說的。」康熙說：「這是不忠不孝的人。」就把朱天保殺了。連他父親朱都納也交步軍統領枷鎖示衆。以後只要有人一提及立皇太子或復立太子問題，康熙都嚴加處分，甚至有的要處死。

一七二二年（康熙六十一年）舊曆十一月，康熙偶冒風寒，不適，過了五六天突然死去。其間究作何病，用何醫，均不得而知。據「永憲錄」載，康熙死後，內侍仍扶御鑾輿入內，相傳科隆多先護皇四子允禛回朝哭迎，身守闕下，諸王非傳令旨不得入內，有幾天九門都不開，後傳遺詔以皇四子允禛繼位，這就是雍正皇帝。據雍正自己說，是「倉卒之間，一言而定」的。但沒有任何王公重臣在旁，可爲佐證。後人都認爲這是雍正以陰謀手段篡位，基至有說康熙是被雍正殺害的。又有傳說康熙本傳位十四子，雍正把「十」字改爲「于」字，這也不是沒有可能的。因當康熙死時，十四子允禵正在新疆用兵，他於康熙五十七年被封爲撫遠大將軍，他率師駐甘州，進攻吐魯番，一七二一年十月召來京，面授方略，一七二二年三月回到軍中去，十一月康熙去世，正在軍中，康熙死後奉雍正之命回來奔喪的。如果真是康熙要傳位允禵而被允禛所篡改的話，那雍正即位是秦二世矯詔殺扶蘇而自立的歷史重演了。

雍正一上台，除了擁戴他的兄弟（如康熙十三子允祥，十七子允禮）之外，對其他與他競争過皇位的兄弟一個個迫害至死，其刻薄寡恩，殘忍毒辣，在歷史上是少見的。這也可見他是以陰謀詭計取得帝位的。當然，我們今天用不着去爲封建帝王的互相傾軋算這筆帳，爲了争奪皇位，一部二十四史中父子、兄弟、夫婦、君臣之間互相殘殺真如家常便飯，雍正之篡位不過其一例而已。

從上可見：以康熙帝之英明，其晚年也爲「接班人」問題所苦惱，一直到他死也沒有能很好地解決。而且正因爲他生前沒有把皇太子定下來，使雍正得以肆其奸計，篡取了帝位，這是歷史的悲劇。

讀了歷史，使我們對於近代的一些事情，也不會覺得那麼突兀了。

康熙的好學

康熙（玄燁）是有清一代最英明的皇帝，他在位六十一年（一六六二——一七二二）是清朝的全盛時代。

近讀張誠神甫(P. Jean-Francois Gerbillon)的日記（一六八九，六，十三日——一六九〇，五，七日）。張誠於一六五四年生於法國，一六八八年受法王路易十四派遣與一批法國耶蘇會士來到中國，被康熙皇帝留在清宮供職。一六八九年他奉康熙之命同葡萄牙人徐日升神甫（P. Thomas Pereyra 一六五四——一七〇八）一同參加由領侍衛內大臣索額圖，國舅一等公佟國綱率領的使團，與帝俄進行尼布楚條約的談判，擔任譯員。一七〇七年死於北京。

從張誠的日記中可以看出康熙帝是很能接受新鮮事物的，他非常好學，求知慾很強。自張誠參加尼布楚條約談判回京以後，康熙曾要張誠與另一神甫爲他講解歐幾里幾何學，數學，各種數學儀器的性能及其用途。他學習很認真，張誠神甫爲他講解歐幾里幾何學第一條，第二條，第三條定律以及應用幾何學，康熙都演作習題直到徹底理解爲止。他還把張誠所口授的加以默寫。每次學習的時間在二三小時以上。只要一有空，康熙便召見他們。例如一六九〇年五月三日張誠日記上寫道：「聖駕返京，臨幸此間，聽我們講解歐幾里幾何原理。我們繼續講授這門課一連許多天，皇上對此極爲專心致志，每次上課，他幾乎沒有一回不稱贊歐洲科學的。爲了使我們不致因受暑而耽誤教課，皇上令我們搬到他寢宮內一間特別涼爽而幽靜的房間內，並且傳諭，任何人沒有他的命令許可，不准進內窺視。」

康熙很重視實踐，他把學到的東西拿來應用。例如四月十四日張誠的日記上寫道：

「我們繼續講課，皇上說，他已經閱過我們的講義，爲了向我們表示他已經懂得這些，便用我們的圖例，自己作了一般的演算。我們在向他講解的時候，發現他已經理解得很透徹。……皇上又對安多神甫爲他所講的幾何圖例，提出一些問題。最後，他對一堆穀物，先作一番計算，再加以丈量，然後對比函數表求得之積，是否與丈量的結果相符。」

康熙還向張誠神甫等學習了生理學、哲學。在張誠一六九〇年一月十三日的日記上寫着：

「……皇上拿着這份稿子，命令我們靠近他身邊，這份論述消化、營養、血液變化和循環的稿子，……皇上仔細翻閱，特別是關於心、胃、內臟、血管等等部份，他還拿起稿子與一些漢文書籍上有關記載互相對比，認爲兩者頗爲近似。」

但當時康熙學習這些西方科學不是沒有阻力的。「他命令我們在討論我們的科學或提到任何有關我們自己事情的時候。都要小心謹慎。特別是當着漢人與蒙古人的面前。漢人和蒙古人不願在國內看見我們，因爲他們各有自己的極其偏信的和尚或喇嘛。皇帝陛下深知我們，完全信任我們。」康熙對張誠說：「我們這個帝國之內有三個民族，滿人和我一樣愛敬你們。但是漢人和蒙古人不能容你們。你們知道湯若望神甫快死的那一陣的遭遇，也知道南懷仁神甫年輕時的遭遇。你們也必須經常小心會出現楊光先那種騙子。」(按楊光先，安徽人，順治時德人湯若望、比人南懷仁在欽天監以西法編纂「時憲曆」代替明代沿用的「大統曆」，楊上書反對，順治帝以楊任欽天監監正，廢除西曆不用，康熙時以楊曆推算不準，被充軍，南懷仁又被任爲欽天監。)因此康熙告誡張誠等不要在他們的衙門裏翻譯任何關於他們科學的東西，而只能在他們自己家裏偷偷進行。

康熙在十七世紀便能欣賞西方的科學成就，並虛心向他們學習，這是很了不起的事。如果我們考慮到直到十九世紀中葉，即距康熙二百年之後，清政府和滿漢大臣還頑固地反對任何西方科學的輸入，認爲它是違反我國傳統的孔孟之道的異端邪說，對康熙帝這種樂於接受新鮮事物的科學態度，不能不使我們敬佩不已！

當張誠等爲康熙帝講課期間，山東發生了一件教案。山東某一縣城的官員把那裏的天主教徒逮捕起來，徐日升神甫爲此去信營救，並附去皇帝的詔書，詔書宣示不應把天主教當爲邪教。可是這位縣官把徐神甫的信置之不理，把信撕了，還把送信的人重笞二十，把帶信差去見他的人也打了二十大板。隨後縣官又把那些業已花錢保釋出獄的天主教徒再次投入監獄。還把汪儒望神甫以傳邪教的罪名加以審訊。這位縣官揚言即爲此丟了紗帽也在所不惜。張誠神甫爲此事向康熙告了御狀。康熙指示此事切不可向外張揚，由他直接處理。康熙諭山東省巡撫妥善處理。過幾天康熙接得巡撫密奏已將首告的人處以誣告罪，並把被捕人員全部釋放出獄。惟對那位縣官則未予以任何處分。康熙將處理結果告訴張誠神甫。張誠認爲這還不足以消除禍根。「皇上大概因爲看到我們對於他認爲已是極大恩典的處理辦法叩謝不甚歡躍。後來傳旨問我們是否滿意？我們大膽答覆不滿意。我們說陛下知道我們不遠萬里來此是爲傳教，陛下如能對傳教事業加以保護，則比皇上平日對我們的一切深仁厚澤更爲重大，更使我們感激無量，踴躍圖報。皇上對我們這一答覆不悦。他令人告訴我們說，他看在我們面上已經辦得很重的了。他決不願使我們的事業受損，爲了我們和我們替他立下的功勞，他可以庇護在中國的外國傳教士，但是他不能放任信教的中國人，依仗入教，爲非作歹，這是他決不能容許的。」（見張誠一六九〇年四月三十日日記。）

從此可見康熙在處理傳教問題上的原則立場。他可以保護外國傳教士，但不能容許中國人以入教爲護符，爲非作歹。他並不因爲張誠等對國家的貢獻而有所徇情，這也正是康熙的英明之處。

從乾隆的實事求是說到「直筆」

張照，字德天，是清代雍正、乾隆年間的名臣，工書法，兩任刑部尚書，後爲鄂爾泰所讒，曾一度入獄。後來乾隆見他獄中詩，辭意怨望，下詔宣示，以照已身死，免其追論。乾隆後見《一統誌》，於松江府人物，不列張名。乾隆下諭說：「昨閱進呈《一統誌》，於松江府人物，只載王頊齡鴻緒輩，而不及張照。意或因照曾因苗疆獲罪，又獄中所題詩，辭意激憤，經朕宣示，遂不錄其人耶。……張照雖不得謂純儒，然其文采風流，實海內所共推，公論具在，瑕不掩瑜，其將照出處事蹟並列焉。」(見《新世說》讒險篇)

於此可見乾隆的實事求是態度。乾隆認爲張照雖然犯過「錯誤」，但不能因爲他犯過「錯誤」，就把生平一筆抹煞，因爲他「文采風流，實海內所共推，公論具在，瑕不掩瑜」也。這是一種尊重歷史事實的客觀態度，值得我們欽佩。

現在我們的辦法是：只要某一個人出了「問題」，就把他的生平一筆抹煞，甚至功過亦加以顛倒。例如劉少奇一出問題，就連他一九二二年領導安源煤礦工人與資本家鬥爭的光輝事蹟也一變而爲「叛徒工賊劉少奇的破壞陰謀了」；彭德懷一出問題，連平江起義也不能提，即令提也沒有領導人彭德懷的姓名了；林彪一出了問題，第四野戰軍的這位最高統帥，竟一變而爲處處對抗毛澤東的正確軍事路線，一心一意打敗仗的「常敗將軍」了！像這樣任意歪曲歷史，顛倒是非的例子真是不勝枚舉。但是誰也不敢提出來，因爲只要一提出來，就是爲某某人翻案，一頂「現行反革命」的帽子，立刻會扣到你頭上來，這種惡劣的文風肯定不是來源於中國，而是來源於蘇聯。因爲我國對歷史向來有優良的傳統，即所謂「直筆」。《史通》對「直筆」所下的定義是：「夫所謂直筆者，不掩惡，不虛美，書之有益於褒貶，不書無損於勸誡。」意思是說，凡是有關褒貶勸誡的史事，不管是誰，都應該據筆直書。怎樣才能做到直筆？綜合《史通》所述，約有四端：不畏强暴（史德），分清是非（史識），鑒別史料真僞（史識），不爲浮辭妄飾（史才）。爲了忠實地記載歷史事實，不少史學家甚至不惜殺身以殉真理。最著稱於世的如前五四八年（魯襄公二十五年）齊大夫崔杼殺齊君，太史依書法當着朝官們寫：「崔杼弑其君」。崔杼怒，殺太史。太史兩個兄弟繼續寫同一句話，都被崔杼殺了。最後一個兄弟還是寫那一句話，崔杼不敢再殺了；南史氏聽說太史兄弟被殺盡了，捧着竹簡去寫，半路上知道已經寫成，才回家去。這種忠於史實而不畏强暴的精神，是我國可貴的優良傳統。又如清初文士因私修明史，而遭殺戮的，史不絕書，他們爲了保存比較真實的明朝史實，爲了抵制清朝對明史的歪曲篡改，不畏强暴，置生命於不顧。這證明「直筆」確是中國史學優良的傳統。

歪曲歷史，篡改史實的歪風邪氣來自蘇聯。始作俑者恐怕是斯大林。斯大林在擊敗了托洛茨基而獨攬蘇共黨的領導權以後，把托洛茨基在十月革命中的革命功績一筆抹煞，好像托洛茨基不是一個正面人物而是一個反面人物似的。我們看蘇聯拍攝關於十月革命的歷史影片，突出了斯大林一個人的形象。我曾讀過美國人里德所著的《震撼世界的十日》(作者是列寧的摯友，美國一位進步的作家），所得的印象就不能與斯大林時代所拍的影片協調起來，而前者才是當時蘇聯十月社會主義革命的實錄。到了赫魯曉夫，更把這種篡改歷史的文風「發揚」而「光大」之。赫魯曉夫反對對斯大林的個人崇拜，而搞對他自己的個人崇拜，他篡改了蘇共的黨史和世界第二次大戰的衛國戰爭史，好像指揮蘇聯衛國戰爭而最後取得對法西斯德國勝利的不是斯大林而是他赫魯曉夫。他甚至把十月革命時期還不是黨員，而僅僅是一個二十來歲的青年赫魯曉夫，也吹得神乎其神。自然，當一九六四年赫魯曉夫下台以後，所有這些關於赫魯曉夫的神話也隨之烟消雲散了。我所以說，《聯共黨史》比較可讀的版本還是斯大林在世時一九三八年聯共中央審定的版本，到了後來，越修改越背離歷史事實。(最新的版本內容如何，因無從知道，不能妄議。)

「以俄爲師」，這是我國在六十年代以前的國策，當時蘇聯什麼都是好的，什麼都是對的，我們一切都要「向蘇聯學習」。俄國對於歷史這種實用主義的做法，當然亦爲中共黨所師承，不過青出於藍，比蘇聯更有過之而無不及。二十世紀六十年代以後，中共開始反蘇聯了，從「蘇聯什麼都是好的」，一變而爲「蘇聯什麼都是壞的」；但蘇聯所傳給中國的這一套對歷史科學採取實用主義的立場、觀點、方法，却根深蒂固反不掉了。不但反不掉，經過了林彪，「四人幫」的長期統治，繼承下來而且還有新的「發展」，新的「發明創造」了。

的確，四人幫的篡改歷史，僞造史實，顛倒是非黑白，已到了登峰造極的程度。試看，他們爲了篡黨奪權，竟捏造了大量所謂儒法鬥爭史，認爲中國的一部二十四史，就是一部儒法鬥爭史。他們爲了打倒老一輩的革命家，竟把中國共產黨的創始人之一，被軍閥張作霖殺害，從容就義的李大釗烈士說成「叛徒」，寫黨史不讓寫朱德、周恩來、賀龍、陳毅；寫南昌起義不讓寫南昌起義的領導人周恩來；在社會主義教育運動中，竟把江青當爲英雄中心人物，江青名字出現六次，姚文元出現兩次。(以上見《歷史研究》一九七七年三月。) 在他們看來，歷史事實不是客觀存在的，只要雇一批無恥文人、文痞、文丐，就可隨心所欲地愛怎麼寫就怎麼寫。他們大概真的相信「只有寫的歷史，沒有真的歷史」這句鬼話，認爲歷史可以任意塗抹、歪曲、僞造。他們自以爲「聰明」，其實是天底下最可笑的蠢人！

現在「四人幫」雖已打倒，但流風、餘毒遠未肅清。黨八股、形而上學、主觀唯心主義，華而不實，空話連篇的文章，在報章、刊物中觸目皆是。對歷史人物的評價，要就肯定一切，好就好到極點，没有一絲一毫缺點；要就否定一切，壞也壞到極點，從娘肚胎裏就壞起。然而，這樣的風氣，並不首倡於「四人幫」，也不首倡於林彪（不過他們加以發展而已），而是由來久矣。毛澤東提出「反對黨八股」的口號是在一九四二年初，三十多年過去了，黨八股非但没有消滅，反而變本加厲起來，這原因是值得我們深思的。

看到了乾隆帝對張照的評價，使我覺得現在有些人的識見，竟還不如一個封建皇帝，真是「可慨也夫」！

紀昀與「拆字」

舊社會的拆字卜卦，當然是騙人的把戲。然亦有很巧合的。紀昀在「閱微草堂筆記」裏說他自己於戊子年（乾隆三十三年，一七六八年）以泄密獲罪，獄頗急，日以一軍官伴守。有一董姓軍官自言能拆字，紀昀即書「董」字使拆。董說：「你要充軍了，『董』者千里萬里也。」紀再寫一「名」字，董說：「名下爲口，上爲外字偏旁，是『口外』吧。日在西爲『夕』，大概是西域。」（時稱新疆爲「西域」。）紀又問將來能歸否？董說：「『名』字像『君』又像『召』，一定可以召還。」又問在那一年？董說：「『口』爲『四』字之外圈，其中缺兩劃，大概不到四年。今年爲戊子，過四年即爲辛卯，『夕』爲卯之偏旁，這也相合。」果然紀昀充軍到烏魯木齊，以辛卯年六月召還。但紀昀對拆字所做的結論就完全是唯心主義的了。他說：「蓋精神所動，鬼神通之，氣機所萌，形象兆之。與揲蓍灼龜，事同一理，似神異而非神異也。」（見「筆記」卷七）。

我認爲董姓軍官知紀昀獲罪，將受處分，遂牽强附會，將所拆的字與紀昀的案情結合起來，以後的應驗，完全是一種巧合。如不巧合，拆字就被遺忘，這故事也不會流傳下來了。但董某對一個簡單的「名」字，竟能拆出這許多名堂來，這人也是够會動腦筋的了。

紀昀的「閱微草堂筆記」一書，談因果報應。狐鬼迷信之處甚多，但也有不少合情合理的議論，因之，魯迅對它的評價是相當高的。魯迅說：「紀昀本長文章，多見秘書，又襟懷夷曠，故凡測鬼神之情況，發人間之幽微，托狐鬼以抒己見者，雋思妙語，時足解頤。間雜考辯，亦具灼見。

敘述復雍容淡雅，天趣盎然，故後來無人能奪其席，固非僅借位高望重以傳者矣！」(見魯迅：「中國小說史略」。)

「命中注定」？

讀「閱微草堂筆記」，有這麼兩段故事：

「舅氏王佔安公言留莊木匠某，往卜者問婚姻。卜者戲之曰：去此西南百里，某地某甲今將死，其妻合嫁汝，急往訪求，可得也。匠信之，至其地宿村店中，遇一人問某甲住何處？其人問，訪之何爲？匠以實告，不慮此人即某甲也。聞之恚憤，掣佩刀欲刺之，匠逃入店後，逾垣遁。是人疑主人匿室內，欲入搜，主人不允，互相格鬥，竟殺主人。論抵伏法，而匠之名姓里居，則均未及問也。後年餘，有嫗同一男一婦過獻縣，云叔及寡嫂也。嫗暴卒，無以斂，叔乃擬嫁其嫂。嫂無計，亦曲從。匠尚未婚，衆爲媒合焉。後詢其故夫，正某甲也。異哉，卜者不戲，匠不往，匠不往，無以與甲鬥，無以與甲鬥，則主人不死，主人不死，則某甲不論抵，某甲不論抵，此婦無從嫁匠也。乃無故生波，卒輾轉相牽，終成配偶，豈非數使然哉！」

「又聞京師西四牌樓，有卜者日設肆於衢，雍正庚戌閏六月，忽自卜十八日橫死，相距一兩日耳。自揣無死法，而爻象甚明，乃於是日鍵户不出，覼何由橫死。不慮忽地震屋圮，壓焉。使不自卜，是日必設肆通衢中，烏由覆壓？是亦數不可逃，使轉以先知誤也。」（見筆記卷十二）

說是「數」或「命」當然是迷信。但事竟無獨有偶者，抗日戰爭期間，有林庚白者，是知名的詩人，與柳亞子交厚。他是國民政府的立法委員，一九四一年自卜當於是年橫死。當時他在重慶，敵機日夜轟炸，他想唯一的可能是被敵機炸死。此時太平洋戰爭尚未爆發，香港歌舞昇平，是有錢階級的安樂窩，林庚白遂於一九四一年十月間從重慶坐飛機來香港避難。我時亦流亡香港。當林庚白抵香港時，就聽朋友傳聞他是來港避難之說。不料十二月八日太平洋戰爭爆發，日軍佔領香港，林庚白稅居九龍，一日外出，日本憲兵阻之不聽，遂被擊斃。設林君不自卜，則不去香港，不去香港則不至被日軍所殺，這與紀昀所記賣卜者事，如出一轍，世事之不可解，有如是者。不歸之「數不可逃」或在劫難逃，不可得也。

和坤籍沒財產驚人

嚴嵩父子抄家時的財產已經驚人，但比起清代的和坤來，却真有如小巫之見大巫。和坤，滿清旗人，姓祜祿氏，乾隆時由文生員入充侍衛，得乾隆帝寵任，纍擢至大學士。貪婪專擅，聲勢煊赫，乾隆帝死，嘉慶繼位，宣布其大罪二十款，賜令自盡，籍沒其家。其財產略有：

欽賜花園一所，亭台二十座，新添十六座。

正屋一所，十三進，七三〇間，東屋一所七進，三六〇間，西屋一所七進，三五〇間。

徽式新屋一所，七進，六二〇間。私設檔子房一所七三〇間。花園一所亭台六四座。田地八千頃。銀號四十二處，本金四千萬兩，當鋪七十五處，本金三千萬兩，古玩鋪十二所，本金二十萬兩。

金庫，赤金五萬八千兩。

銀庫，元寶五萬五千六百個，京錁五百八十三萬個。蘇錁三百十五萬個，洋錢五萬八千元。

錢庫，制錢一百五十萬千文。

以上共約銀五千四百萬兩。

人參庫，人參大小支數未計，重六百多斤。

玉器庫，玉鼎十三座，高二尺五寸，玉磬，玉如意，玉帶，玉屏，玉碗，玉盆等等。

以上共作價七百萬兩。

另有玉壽佛一尊，高三尺六寸，玉觀音一尊高三尺八寸，玉馬一匹長四尺三寸，高二尺八寸。以上三件未作價。

珠寶庫，桂圓大東珠十粒，珍珠手串二百二十串，大映紅寶石十塊，計重二百八十斤。小映紅寶石八十塊，未計斤重。映藍寶石四十塊，未計斤重。紅寶石帽頂九十顆，珊瑚帽頂八十顆。鏤金八寶屏十架。

金碗碟三十二桌，共四千二百八十八件。白玉唾壺二百餘個，金唾壺一百二十個，銀唾壺六百餘個，金面盆五十三個，銀面盆二百三十三個。金銀翠寶首飾大小共二萬八千件。金茶匙六十根。

銀器庫，銀碗七十二桌，金鑲箸二百雙，銀鑲箸五百雙，銀茶匙二百八十根。另地窖內埋銀一百萬兩。大銀元寶五百個，每個重一千兩，合五十萬兩。

古玩器，古銅瓶二十座，古銅鼎二十一座，古銅海三十三座，古劍二口，宋硯十方，端硯七百〇六方。

以上作價銀八百萬兩。

另有珊瑚樹七枝，高三尺六寸，又四枝高三尺四寸，金鑲玉嵌鐘一座（以上三件未作價）。

綢緞庫，綢緞羅紗共一萬四千三百匹。

洋貨庫，五色大呢八百板，五色呢四百五十板，五色嗶嘰二百餘板，羽毛六百板。

皮張庫，白狐皮五十二張，元狐皮五百張，紫貂皮八百張，白貂皮五十張。各種細、粗皮共五萬六千張。

以上共作價銀一百萬兩。

銅錫庫，銅錫器共三十六萬零九百三十五件。
磁器庫，磁器共九萬六千一百八十四件。
文房庫，筆墨紙張、字畫、法帖書籍無法計數。
珍饈庫，海味雜物，無法計數。
住房內，鏤金八寶床四架，鏤金八寶炕二十座。
大自鳴鐘十座，小自鳴鐘一百六十六座。桌鐘三百座，時表八十個，紫檀琉璃水晶燈彩各物共九千八百五十七件，珠寶金銀朝珠，簪釧等物共二萬零二十五件。
皮衣服，貂皮男衣八百零六件，貂皮女衣六百件，雜皮男衣、女衣不計。
上房內，大珠八粒，每粒重一兩，金寶塔一座，重二十六斤，赤金二千五百兩。
大金元寶一百個，每個重一千兩，共二萬兩。夾墻內，藏匿赤金二萬六千兩。
家人男六百〇六口，女六百口。
據嘉慶四年（一七九九）正月十七日上諭說：「和坤家產共一百〇九號，內有八十三號尚未估價，共已估價的二十六號，合計估銀二億二千三百八十九萬五千一百六十兩。」如全部估價，據有人計算，和坤一人的財產折合銀數可以償付兩個庚子賠款而有餘。(按庚子賠款爲銀四億伍千萬兩。)

按乾隆六十年（一七九五），我國人口總數爲296,968,968人，即不到三億人口。如把和坤財產平均分配，每人亦可得三兩多銀子。當時滿清政府全年財政收入不過四千七八百萬兩，將和坤財產充公，可以豁免全國田糧及一切賦稅二十年。全年歲出不過三千五百萬兩，和坤個人財產可以供應二三十年左右的全國開支。乾隆三十九年（一七七四）國庫存銀爲73,905,610兩，和坤一人財產約抵十個以上的國庫。

按二十世紀菲律賓總統馬科斯，下台後查出所貪婪積纍的財富以美金數十億計，馬科斯夫人鞋子即達三千雙之多，但比起十八世紀的和坤來，怕也相形見絀了。

「兩番俱是個中人」

清代有女子名吳卿憐者，蘇州人，先爲平陽王亶望中丞妾。王亶望於乾隆年間任浙江巡撫，姬妾衆多，奢淫無度，後以事伏誅。王亶望籍沒（抄家）後，蔣戟門侍郎把她獻給奸相和坤，不料和坤又被嘉慶皇帝所抄家，吳卿憐兩次都碰上了，曾作絕句八章，叙其怨望，封建社會女子的命運，實在可憐。詩如下：

（一）曉妝驚落玉搔頭，（正月初八日曉起理鬢，驚聞籍沒）宛在湖邊十二樓。（王中丞撫浙時起樓閣飾以寶玉，傳謂迷樓，和相池館皆仿王苑）魂定暗傷樓外景，湖邊無水不東流。

（二）香稻入唇驚吐日（和處查封時，有方餐者，因驚吐哺）海珍列鼎厭嘗時，（王處查封，庖人方進燕窩湯，列屋皆然，食厭多陳几上，兵役見之紛紛大嚼，謂之洋粉云）蛾眉屈指年多少，到處滄桑知不知。

（三）綏歌慢舞畫難圖，月下樓台冷綉襦。終夜相公看不足，朝天懶去倩人扶。

（四）蓮開並蒂豈前因，虛擲鴛梭廿九春。回首可憐歌舞地，兩番俱是個中人。

（五）最不分明月夜魂，何曾芳草怨王孫。梁間燕子來還去，害殺兒家是戟門。

（六）白雲深處老親存，十五年前笑語温。夢裏輕舟無遠近，一聲欸乃到吳門。

（七）村姬歡笑不知貧，長袖輕裾帶翠顰。三十六年秦女恨，卿憐猶是淺嘗人。

（八）冷夜痴兒掩泪題，他年應變杜鵑啼。啼時休向漳河畔，銅爵春深燕子栖。

可知吳卿憐原蘇州貧家女，十四歲鬻於王亶望作妾。王敗後又被蔣戟門獻給和坤。當和坤籍沒時才二十九歲，「兩番俱是個中人」，這就是封建社會女子的命運。

《紅樓夢》與《金瓶梅》

《紅樓夢》一書是我國古典文藝的瑰寶。毛澤東據説讀過五遍，他説這是一部政治歷史小説，寫的是「四大家族」（賈家、王家、薛家、史家），我是不敢苟同他這種見解的。如果説《紅樓夢》是政治歷史小説，那麽《三國演義》，《東周列國誌》算什麽呢？《三國演義》才真正是政治歷史小説，但我們總不能説《紅樓夢》與《三國演義》是同一類型的小説吧。況且説《紅樓夢》寫「四大家族」也有些勉强，主要是寫賈寶玉一家，薛家還有一點兒，王家史家，就少之又少了。但在「文革」當時許多紅學專家，都不敢説毛澤東這話不對。以上是題外的話。

在「脂硯齋重評石頭記」中，在第一回之前，有一首詩；詩曰：

浮生着甚苦奔忙，盛席華筵終散場。
悲喜千般同幻渺，古今一夢盡荒唐。
慢言紅袖啼痕重，更有情痴抱恨長。
字字看來皆是血，十年辛苦不尋常。

這一首詩在目前流行的程乙本（一七九二年活字本）中被删去了。有人認爲這首詩是曹雪芹的夫子自道，有人認爲這不是曹雪芹的詩而是脂硯齋的評語。不管怎麽樣，「字字看來皆是血，十年辛苦不尋常」這兩句話，確乎是一點也不誇張的。

《紅樓夢》中每一個人的姓名都不是隨便起的，大多用的是諧音，有雙關意義。「甄士隱」意謂真事隱去，「賈雨村」意謂假語村言，這是作者自己點明了的。其他未點明的，那就舉不勝舉了，例如：

賈雨村名「化」意謂假話，表字「時飛」意謂實非，他是「湖州」人，猶言胡謅也。

甄士隱的女兒名「英蓮」，乃言應憐也；她被一個家人名「霍啓」的抱去看花燈，因而失踪，「霍啓」者猶言禍起也。

甄士隱的一個丫環，因看了賈雨村一眼，後被賈雨村看中要去作妾，不久扶爲正室夫人。這個丫環名「嬌杏」，猶言僥幸也。

英蓮被騙子拐去賣給馮淵，馮淵又被薛蟠所打死。「馮淵」者，逢冤也。

此外還有：

賈政者假裝正經也。

元春、迎春、探春、惜春四姐妹，「元迎探惜」者「原應嘆惜」也。

賈環者「頑」童也。

寶玉上一字與寶釵同，下一字與黛玉同。寶玉因胎中含玉而得名，釵與黛的取名，更有深意，吳世昌先生考之甚詳，不贅述。

賈政的清客相公中有名「詹光」的，沾光也；「單聘人」者善於騙人也；「卜固修」者不顧羞恥也。

賈家管銀庫房的名叫「吳新登」，猶言無星戥也。（戥爲天秤中的記點）。「卜世仁」者不是人也。等等。

寶玉神遊太虛幻境時，警幻仙子倒給寶玉喝的茶叫「千紅一窟」（哭），酒名「萬艷同杯」（悲）。

「王鳳姐弄權鐵檻寺」一回中，鳳姐住的尼姑庵叫「饅頭庵」，說因饅頭做的好得名，「這『饅頭庵』離鐵檻寺不遠。」按前人詩有：「縱有千年鐵門檻，終須一個土饅頭。」土饅頭即墳墓之意，故「不遠」兩字以及「饅頭庵」「鐵門檻」均大有深意，非泛泛起的名。

甚至行一個酒令，唱一個小調，均適合各人的身份，或為後來的事態發展伏筆。例如第二十八回，寶玉行酒令，蔣玉菡唱的曲子，說的詩句（「花氣襲人知晝暖」）均為後文蔣玉菡與襲人配為夫婦伏筆。

諸如此類，不勝列舉。如一一考證起來，非但沒有必要，而且容易墮入舊紅學的惡道。我不過是要指出，《紅樓夢》一書，不僅它所反映的社會背景，即就煉字造句來說，亦千錘百煉，迴異尋常，「字字是血」，絕非虛語。

從《紅樓夢》起名的諧音中，亦可以看出曹雪芹所受《金瓶梅》的影響。《金瓶梅》書名即有雙關意義。《金瓶梅》以書中三個女主角的名字（潘金蓮、李瓶兒、春梅）而得名，但同時亦可理解為金瓶中的梅花。《金瓶梅》的外文譯本，就無法確切移譯，有的譯音，有的譯為三美女，均失原意。《金瓶梅》中的許多人物也是諧音，如「應伯爵」之為應白嚼，「常峙節」之為常時借，「卜志道」之為不知道，「祝實念」之為住十年，「白賚光」之為白賴光，「謝希大」之為謝攜帶，孫天化字「伯修」之為孫不羞等等。不過《紅樓夢》青出於藍。神而化之，比《金瓶梅》更為巧妙，試看把「原應嘆息」諧為元春、迎春、探春、惜春四個大家閨秀的名字，這是多麼自然，多麼不着痕蹟！

當然，《金瓶梅》的作者也是藝術上的高手。在《金瓶梅》四十九回中西門慶遇到一個名叫「道堅」的梵僧，試看書中對梵僧的描寫：

「西門慶信步走入裏面觀看，見一個和尚，形骨古怪，相貌搊搜，生的豹頭凹眼，色若紫肝。戴了雞蠟箍兒，穿一領肉紅直裰，頦下髭鬚亂作，頭上有一溜光簷，就是個形容古怪真羅漢，未除火性獨眼龍，在禪床上坐定過去了。垂着頭，把脖子宿到腔子裏，鼻孔流下玉筋來。西門慶口中不言，心中暗道，此僧必然是個有手段的高僧，不然，如何有此異相。等我叫醒他，問他個端的。於是高聲叫那位僧人，……只見這個僧人在禪床上把身子打了個挺，伸了伸腰，睁開一隻眼，跳將起來，向西門慶點了點頭兒，粗聲應道，『你問我怎的，貧僧行不更名，坐不改姓，乃西域天竺國密松林，齊腰峰，寒亭寺下來的梵僧，雲遊至此，施藥濟人』……。

「那梵僧睁眼觀見廳堂高遠，院宇深沉，門上掛的是龜背紋蝦鬚織抹綠珠簾，地下鋪獅子滾綉球絨毛線毯子，堂中放一張蜻蜓腿，螳螂肚、肥皂色起楞的桌子，桌子上安着絛環樣須彌座大理石屏風，周圍擺的都是泥鰍頭楠木靶腫觔的交椅，兩邊掛的畫都是紫竹杆兒綾邊、瑪瑙軸頭。梵僧看畢，西門慶問道，吾師用酒不用。梵僧道，貧僧酒肉齊行。西門慶一面分付小廝，後邊不消看素饌，拿酒飯來。……又拿上四樣下飯菜，一碟羊角葱炒的核桃肉，一碟細切的餶飿樣子肉，一碟肥肥的羊貫腸，一碟光溜溜的滑鰍。次又拿了一道湯飯出來，一個碗內兩個肉丸子，夾着一條花腸滾子肉，名喚一龍戲二珠湯，一大盤裂破頭高裝肉包子，西門慶讓梵僧吃了，叫琴童拿過團靶鉤頭雞脖壺來，打開腰州精制的紅泥頭，一股一股邈出滋陰白酒來，傾在那倒垂蓮蓬高脚鍾內，遞與梵僧，那梵僧接放口内，一吸而飲之。隨即又是兩樣添換上來，一碟寸札的騎馬腸兒，一碟醃臘鵝脖子，又是兩樣艷物，與梵僧下酒，一碟子癩葡萄，一碟子流心紅李子，落後又是一大碗鱔魚面與菜卷兒，一齊拿上來，登時把梵僧吃的楞子眼兒，便道，『貧僧酒醉飯飽，足以勾了。』」（《金瓶梅》第四十九回，蘇州張竹坡批點本）。

看這整段的描寫，從梵僧的形象、來歷、姓名，以及西門慶的客廳佈置，吃的酒菜全都象徵着人身上某種事物，令人忍俊不禁。這種雙關的藝術手法，比姓名的諧音更爲高明。曹雪芹在《紅樓夢》中亦常用這種手法，但他不是摹擬而是創新。

《金瓶梅》歷來都列爲禁書，無論是滿清政府，北洋軍閥或國民黨時代以及解放以後，從不許公開發行。我也不主張把《金瓶梅》解禁，因爲它描寫的男女色情過於暴露，給青年們看，會引起極其惡劣的影響。但《金瓶梅》却從未禁絕過，即就解放後來説，我就知道有關部門把《金瓶梅詞話》翻印過兩次，一次在文化大革命以前，一次在文化大革命以後。因爲《金瓶梅》的文藝價值的確是很高的，非大手筆不能作。魯迅對《金瓶梅》亦予以很高的評價。魯迅説：

「作者之於世情，誠極洞達，凡所形容，或條暢，或曲析，或刻露而盡相，或幽伏而含譏，或一時並寫兩面，使之相形，變幻之情，隨在顯見，同時説部，無以上之。……」（見《中國小説史略》）

這就足以證明，文藝作品中的不朽名著，靠禁止是禁止不了的。

「羅刹國」

《聊齋誌異》在我國是一部膾炙人口的小說。據說《聊齋誌異》之所以不爲四庫全書說部所收，是因爲它裏面有一篇「羅刹海市」的小說，頗有譏諷滿清朝政之意，(見易宗夔《新世說》一書），此說不知確否？但這篇寓言小說確是值得我們深思的。

「羅刹海市」裏說有一個名叫馬驥的美男子，因爲他長得很漂亮，故有「俊人」之稱。有一次馬驥隨人飄海，到一個羅刹國，其人皆奇醜，見馬至，以爲妖，紛紛逃避。後來一打聽，才知道這個羅刹國最重人的容貌，最美的做大官，次美的做縣官，再次的亦得貴人寵愛。但他們的美醜標準與我們中華剛相反，以奇醜爲至美，以至美爲至醜，所以做丞相的「雙耳皆背生，鼻三孔，睫毛覆目如簾」。其餘的也都奇形怪狀，猙獰可怖。地位愈低的，醜亦稍減。因此，中國的美男子，馬驥，在他們看來，視爲奇醜無比，「譟奔跌蹶，如逢怪物」了。有一天馬驥戲以煤炭塗面，作張飛狀，他們就認爲漂亮得很，可以去見國王了，還有人問他：「何先媸而後妍也？」

這自然是蒲松齡先生的寓言；但在現實社會中，這種以美爲醜，以醜爲美，是非黑白顛倒的事不是沒有的。魯迅在《書苑折枝》一文中曾說過，古今行事顛倒的不少，他讀清陳祖範的《掌錄》上，說「三國時奔親喪者罪大辟，宋元祐焚《史記》於國子監，政和間著令，士庶習詩賦者杖一百」云云。這的確是我們想象不到的。中國以孝治國，而「奔親喪」竟要殺頭，國子監是古時的大學，竟在大學門前燒《史記》；讀書人做詩賦便要打屁股，真叫怪哉怪也。但是這些事，如與中國

「文化大革命」比較起來，又算不得什麼了。

「文化大革命」究竟要革誰的命，過去我們的確是不清楚的。現在看明白了，毛澤東所親自領導，親自發動的文化大革命是要革「中國文化」的命，革「中國知識份子」的命，革曾經和毛澤東一起打江山流血犧牲的功臣的命，革所有文化遺產的命，而建立一個「我們偉大領袖毛主席」所設計的「一窮二白」的原始共產主義烏托邦的「天堂」。在這個「天堂」裏，只有貧下中農出身的無產階級。不要說地主階級不容許存在，連小資產階級也不容許存在。我記得在一九六九年五七幹校勞改時，我所在連的軍代表（當時全國學解放軍，無論機關，學校，醫院都採取軍事組織，稱「連」「排」等等）曾經問我：「五七幹校結業後，北京這個無產階級司令部偉大領袖毛主席所在地，你當然没有資格住了，你準備到哪裏落户呢？」我說：「我有一兒子在武漢工作，我去武漢去住可以嗎？」他說：「武漢也是大城市，你也不能去呀！」那我說：「我原藉是浙江武義縣，那是一邊僻小縣，屬金華府，我回武義總可以罷？」軍代表說：「回武義還差不多。」總算他們寬大為懷，還允許我回武義去。否則以中國之大，九百六十萬平方公里的土地上，竟無我立足之地，而我的「罪名」就因為我是高級知識份子出身，是「反動學術權威」。高知在毛澤東設計共產主義「天堂」裏是無存身之地的。

在文革期間，中國大陸真成了一個是非顛倒，魑魅橫行，人頭畜鳴的「羅刹帝國」。毛澤東說，文化大革命是「史無前例」的。的的確確，不僅在中國歷史上是「史無前例」，在世界歷史上也是空前絕後的。歷史上曾經有過許多「入人於罪」的理由，所謂「欲加之罪，何患無辭」。由於社會制度不同，道德觀念之不同，意識形態，價值觀念之不同，每一社會都有每一社會的道德標準，但是中外古今，從來沒有説過誰工作好，業務精會成爲一條「罪狀」的。在文革期間，却正好如此。許多名作家，名大夫，名演員，所以被批鬥，就是因爲他有「名」。老舍被批鬥，因爲他是「名作家」，小説寫得好。馬連良被批鬥，因爲他是名演員，京戲演得好。評劇演員新鳳霞，粵劇演員紅綫女，電影演員白楊趙丹等等，以及一些醫院的名大夫，大學的名教授，名科學家，名工程師，其唯一的「罪狀」就因爲他們有「名」，業務精，技術好，所以挨批挨鬥。各大醫院的著名大夫，主任醫生，都打成「牛鬼蛇神」，下放搞醫院衛生，打掃厠所。由不懂醫術的護士當領導，「專」著名大夫的「政」。學校老師書教得好，這就被不愛唸書的壞學生所批鬥。

此外，工廠本應該搞生產的，但在文革期間，抓生產也是一條罪狀，叫做「唯生產力論」，罪名是「抓生產壓革命」。

學術研究機關本應該是搞研究工作的，但在「文革」期間，中國科學院某些研究單位，工宣隊竟下命令，誰要是做研究工作，誰就要犯「政治錯誤」。文學研究所研究員下放五七幹校時，學員下棋捉「王八」可以，就是不許看書做研究工作。這是吳世昌（「紅樓夢」專家）親口告訴我的。

學校本來是求知識的，但在文革期間，批判了「智育第一」論，無論老師或學生，進圖書館，實驗室，鑽研學問，就是走「白專」道路，要被批鬥。

鼓勵小學生造老師的反，美其名曰「反師道尊嚴」，於是小學的門窗都被打爛，叫發揚「造反精神」，老師如加以干涉，便要被學生所批鬥。

白卷大王張鐵生，投考沈陽農學院，交了白卷，在白卷上寫道，「我因爲參加三大革命運動，所以交了白卷」，這一下成了「白卷英雄」，不但當上了全國人大常務委員，後來還當上了他考不取的沈陽農學院的黨委書記，成了該校最高領導。如果「四人幫」不打倒，還內定這位白卷大王做「中央教育部部長」。

社會秩序愈亂愈好，盜竊成風，流氓橫行，這叫有「階級鬥争」，是好事；如果「夜不閉户，道不拾遺」，那就是「階級鬥争熄滅論」，走「修正主義」道路。

中國歷史上從來没有過「清官」。如果有的話，「清官」也比「貪官」或「贜官」更壞，因爲清官緩和階級矛盾，模糊人民的鬥争意識，是「最壞的階級敵人」；而只有貪官，對歷史的貢獻最大，因爲他們可以激化社會矛盾，鼓勵人們的革命鬥志。

醫生看病不是爲「活命」而是爲「革命」，救人活命就是劉少奇的「活命哲學」。人活着就是爲吃苦，要以苦爲樂，以苦爲榮，誰要是提出革命是爲提高或改善人民生活，就是「修正主義」，因爲毛主席教導我們：「富則修」。

諸如此類，等等。

過了若干年後，讀者如果看到這些，準以爲是我編造的天方夜譚。或者以爲我想做蒲松齡第二，編寫的寓言小說。然而凡是文化大革命的過來人，誰都知道這是千真萬確的事實。

這個「羅刹國」的國王是誰呢？就是「我們偉大領袖毛主席」。

中共建黨七十週年了，在一片歌頌聲中，「我們光榮，偉大，正確的中國共產黨」，又要大樹特樹他們的光輝形象了，君不見胡喬木，又發表了洋洋灑灑的大文，歌頌中共「豐富和發展了馬克思主義」的十個方面，歌頌毛主席「對中國革命的偉大貢獻」。他爲什麼不總結一下「羅刹帝國」的經驗教訓呢?!嗚呼！

「腦力衰退」而「權威未減」

——讀《艾登回憶録》「面對獨裁者」有感

「面對獨裁者」是英國前首相艾登記述他第二次世界大戰前政治生活的回憶録。其中說到一九三五年四月間他訪問波蘭時與波蘭畢蘇斯基元帥的一次晤面。他說：「這位元帥是在波蘭可以作出重大決定的權威人物，他受到普遍的敬仰。」「他的意見，或者被當作是他的意見（由於他很少公開露面），總是被人們極忠誠地和尊重地加以接受。」「元帥的腦力衰退，但權威却未稍減。他的病況如何，没有人告訴過我，我想，也没有人會告訴我，因爲這事是極端保密的。我發現很難和這麼一個長期被奉若神明但却説話不清的人物談話。」（見《艾登回憶録》中譯本，上卷三〇七頁）。

當一九三五年，希特勒正在大力重整軍備，蘇聯提出集體安全來共同抵抗希特勒的侵略政策，英國艾登是同意蘇聯的這一政策的。艾登認爲：「波蘭領導人當時應該更明智的把他們的命運和西方國家一心一意地連結在一起，其代價是包括接受以李維諾夫所提的條件爲基礎的『東方洛迦諾條約』。」但是波蘭領導人鼠目寸光，堅決反對，他們反蘇而不反德，害怕布爾什維克甚於害怕法西斯。他們寧願把國家的命運寄托於希特勒互不侵犯的保證上。當時波蘭的領導人就是這個「腦力衰退」而「權威未減」的畢蘇斯基元帥。結果，如我們大家所知道的，一九三九年九月，希特勒的侵略魔掌首先伸向波蘭，不到半個月，波蘭便亡了國。

「腦力衰退」而「權威未減」，這樣的國家領導人實在太危險了。當畢蘇斯基接見艾登時，連話都說不清楚了，艾登說他簡直是「不知所云」。但是人們還把他「奉若神明」，對他的意見「極忠誠地和尊重地加以接受」。像這樣的領導人，他如果有自知之明的話，早應及時引退，優遊林泉，以終天年，不要再去過問國家大事。然而有這種自知之明的領導人是很少見的，他始終認爲自己一貫正確的，現在也還是正確的，過去他領導過這個國家，現在也應該由他來領導。二次大戰前的舊波蘭，文化大革命中的毛澤東，不都是這樣的典型嗎！

中國的包圍術

——從袁世凱的僞《順天時報》想起

中國歷史上有許多昏君，「民餓何不食肉糜」的晉惠帝就是其中典型的一個。但也有一些本來非常精明的人，一旦登上了皇帝或類似皇帝最高權力的寶座，便昏昏然，飄飄然，對民情輿情的隔膜和昏君差不多，這就與中國官僚的包圍術有關了。大家都知道袁世凱籌備帝制時看僞《順天時報》的故事，這西洋鏡是怎麼揭穿的呢？是袁世凱女兒揭穿的。據袁靜華女士（即著名科學家袁家騮的親姑母，解放后仍健在）在一九六三年發表的一篇回憶錄中說：

「《順天時報》是當時在北京銷行數量比較多的日本人所辦的漢文報紙。我父親平時在公餘之暇，總是專看它，這大概由於它是日本人辦的報。可是，也就因爲這個緣由才使得他受了假版《順天時報》的欺騙而不自知。假版《順天時報》是大哥（即袁克定—筆者）糾合一班人（是否就是所謂「六君子」那一班人，那就不得而知了）搞出來的。不但我父親看的是假版，就是我們家裏別人所看的，也同樣都是假版。大哥使我們一家人和真實的消息隔絕了開來。有一天，我的一個丫頭要回家去探望她的父親（這個丫頭是一個老媽子的孩子，是自由身子，所以准許她隔一些時候回家探望一次），我當時是最愛吃黑皮的五香酥蠶豆的，便讓她買一些帶回來吃。第二天這個丫頭買回來一大包，是用整張的《順天時報》包着帶回來的，我在吃蠶豆的時候，無意中看到這張前幾天的報紙，竟然和我們平時所看到的《順天時報》的論調不同，就趕快尋着同一天的報紙來查對，結果發現日期相同，而內容很多都不一樣。我當時覺得非常奇怪，便找二哥（按即袁克文，袁世凱的二子）問是怎麼回事？二哥說，他在外邊早已看見和府裏不同的《順天時報》了，只是不敢對父親說明。他接着便問我：『你敢不敢說？』我說：『我敢。』等到當天晚上，我便把這張真的《順天時報》拿給了我的父親。我父親看了之後，便問從哪裏弄來的，我便照實說了。我父親當時眉頭緊皺，沒有任何表示，只說了一句：『去玩去吧！』第二天早晨，他把大哥找來了，及至問明是他搗的鬼，我父親氣憤已極，就在大哥跪着求饒的聲音中，用皮鞭子把大哥打了一頓，一邊打，一邊還罵他『欺父誤國』。大哥給人的印象是，平素是最孝順父母，所以他在父親面前的信用也最好，我父親時常讓他代表自己和各方面聯繫。可從這以後，我父親見着他就有氣，無論他說些什麼，我父親總是面孔板着，從鼻子裏發出『嗯』的一聲，不再和他多說什麼話，以表示對他的不信任。」（見袁靜華：《我的父親袁世凱》）。

從這可以知道，假如不是袁世凱的女兒揭穿這件事，袁世凱也許到死還蒙在鼓裏，以爲他所讀的是真的《順天時報》呢。而且這件事，家中的人早已知道，只是沒有人敢去說，連他的兒子袁克文都不敢。爲什麼不敢呢？是怕袁世凱嗎？不是，是怕造假版《順天時報》的袁克定的報復。連自己的家屬尚且如此，更不用說他的部下了。

這使我聯想起文化大革命的最後年代裏，明明是「流亡載途」，「哀鴻遍野」，却偏偏有人說是「一片鶯歌燕舞」；明明是「國民經濟瀕於破產的邊緣」，報上却天天宣傳是「經濟形勢一片大好，而且是愈來愈好！」江青康生之流的包圍術真比袁克定高明多了。袁克定還要造一份假報紙去欺騙袁世凱，而江青康生之流却不必造假報紙，因爲全國出版的所有報紙都「輿論一律」，口徑一律，歌頌全國「鶯歌燕舞」，全國經濟「形勢一片大好」，「是真好，不是假好，是大好，不是小好。」（康生名言之一）。當然，老百姓心裏是雪亮的，他們知道報上發表的全是「宣傳」。而「宣傳」者乃造謠說謊之別名也。但我們的最高領袖却信以爲真了。袁世凱還終於有一個愛女袁靜華女士敢於向她父親說明真相，使造假報的袁克定太子遭到一頓皮鞭的痛打。而包圍我們最高領袖的却全是講假話的康生，江青，謝靜宜之流。當然，在幾千萬共產黨員中也不是沒有敢於說真話的。遠之，有在大躍進時代進過諍言的彭德懷元帥；近之，有在文化大革命時期數不清被迫害而死的同志。其中包括像張志新這樣堅貞不屈的烈士。這些敢於說真話的人的悲慘下場是爲我們大家所週知的，以彭德懷這樣的開國元勳尚不免於被迫害而死。至於張志新烈士，由於她堅持真理，爲了阻止她在生命最後一刻喊出真理的呼聲，文革的「英雄們」在將她執行死刑前還要把張志新的喉管割斷，以作爲說真話者戒。這又是袁世凱時代所不曾想到的「發明創造」。

但袁世凱終不失爲一個奸雄本色，當他知道自己被欺騙之後，竟把作假的袁克定痛打了一頓，罵他「欺父誤國」，不像有些當權者聽到了逆耳的忠言，竟批了一句：「放你媽的狗屁！」

最凶殘者最膽怯

——讀《汪政權的開場與收場》有感

金雄白所著《汪政權的開場與收場》是一部爲汪精衛漢奸政權辯解並開脱的書，著者是大漢奸周佛海的密友，敵僞時期紅極一時的風雲人物。他在南京與上海各辦一報紙，前者名《中報》，後者名《平報》，並創辦一銀行，以周佛海爲後台，是供周逆予取求的外庫。抗戰勝利後金被判處徒刑兩年半，出獄後逃往香港。此書完全站在漢奸立場，爲汪精衛、陳公博、周佛海等漢奸辯護，認爲汪成立漢奸政權乃利國利民之舉，並視大漢奸陳公博、褚民誼等人的明正典刑爲「殉國」。惟其中許多內幕材料，非局外人所能道，且文筆流暢，頗值一讀。

書中令人感到興趣的是丁默村與常玉清兩個罪大惡極的殺人魔王被判死刑時的狼狽相。這裏，我引原書中兩段：

丁默村原爲特工中的舊人，當國民黨中央黨部調查統計局成立，且以CC關係當選爲國民大會代表。汪氏等由渝出走，他銜命由重慶來港，任務是勸止若干人的行動，結果反而隨周佛海赴滬參加領導「七十六號」的特工總部。

「七十六號」的前身，本是日本大特務土肥原所指揮的李士群的特工組織，地址在上海億廷盤路諸安浜十號，爲李士群的既成之局，李投汪以后，才遷到極司斐爾路，名義上改歸「中央黨部特務委員會」主任委員周佛海管轄，而實際則由丁默村與李士群分主其事。在汪政權成立之前，丁李之間，就以權力上的衝突，雙方形成水火，互相在佛海前攻訐，使佛海大感頭痛。汪政權創建時人事上的安排，也煞費躊躇。本來內定特務性質之警政部，由默村任「部長」、士群任「政次」，而以士群不願爲默村之輔，且以全力反對默村出任「警政部長」，迫得警政部由佛海兼任部長，另設社會部以安置默村。……默村在勝利前不久，竟得由「交通部長」而出任「浙江省長」。

抗戰勝利以后，大漢奸丁默村被判處死刑。「他在老虎橋獄中被判處死刑以後，一直就沮喪，焦慮，懸懸於朝夕被拖出執行。民國卅六年七月五日的正午，終於到了他畢命的日期。那天法警去提他時，他已知道了是執行的時候到了。面色立刻慘白得無一絲血色，兩腿也已癱軟得不能行走。由兩個法警左右夾持着他的雙臂，挾着他提出獄門，迨行至二門時已經神志模糊，知覺盡失，所以他在法庭上無遺言，亦無遺書，就匆匆送赴刑場槍決。」(見該書第四册一三九頁)

另一個是號稱常熟之狼的常玉清的槍決。常玉清本來是一個幫會中人，一向是上海的地痞流氓，在上海公共租界泥城橋開着一家大觀園浴室。淞滬抗戰，國軍西撤之后，日本人就利用無耻的敗類，爲其鷹犬。常玉清有着不少亡命之徒的徒子徒孫，日軍就要他組織了一個叫「黃道會」的機構，給他錢，要他暗殺抗日份子。在民國二十六年冬至二十八年的一段時期中，上海租界以內，就曾發生過不少暗殺事件，那都是常玉清的「傑作」了。而黃道會的成立，事實上還先於蘇錫文的「大道市政府」。勝利以後，他當然被捕了，也羈押在提籃橋監獄，積案如山，百口莫辯，所以法院立刻判處了他死刑。他肥得像頭猪，體重總在兩百斤以上，而又生着一對猪眼。執行死刑的那天早晨，他還在走廊中穿着緞子長袍，在練他的太極拳，成羣法警來通知他要去執行槍決了，他掙扎着說：「我還在上訴，我還在上訴。」而結果被押赴刑場時，半途中已經昏倒了。那樣重的一堆肥肉，法警們爲之束手無策。就在通向刑場的一條長街中，半途就開槍擊斃了事。著者說：「就當局處死的數人中我覺到一點，爲什麼平時殺人不眨眼的傢伙，到自己臨死的時候，就會惶怯得昏厥，上海有常玉清，而南京有丁默村。」

其實，這一點也沒甚麼奇怪，愈殘暴的人愈膽怯，一個平時以殺人爲職業的人，臨到他自己被殺，他就會驚惶失措，醜態百出，反之，不少無縛鷄之力的文人，在臨難時倒能處之泰然。這一方面當然與一個人的素養與文化有關，但更主要的還是事物的兩面性，矛盾統一的規律。例如一個對上級愈會溜鬚拍馬，奴顏婢膝的人，對他的下級也就愈會擺架子。所謂對上諂者對下必驕。諂與驕是對立的，但統一於一個人身上。又如自尊心與自卑感，也是對立的統一。一個愈有自卑感的人，他的自尊心亦愈强。生活中往往遇有這樣事，我們會無意中得罪了某一個朋友，因爲傷害了他的自尊心，其實這是他神經過敏。這種人一定有很深的自卑感。自尊心是人人應該有的，但這應該建立在自信心上。一個有自信心的人，他的自尊心是不會輕易被傷害的。例如魯迅有一次到上海國際飯店去拜訪史沫特列，電梯司機看到魯迅穿一套破舊的中國大褂，竟不給魯迅開電梯，讓魯迅自己走上去。這的確太不像話了，但魯迅不以爲意，一笑置之，因爲魯迅的自尊心不是區區國際飯店的僕歐（BOY）所能傷害的。

最殘暴的人最膽怯，最會諂媚上司的人最會擺官僚架子，最有自卑感的人最怕人家看不起他，觀人處世，於此思過半矣。

莎翁的「黃金頌」與魯褒的「錢神論」

馬克思在《資本論》第一卷第一篇「商品與貨幣」中，曾引用了莎士比亞的「雅典的泰門」裏面關於黃金的一段詩篇：

「金子，黃黃的，發光的，寶貴的金子呵！
只要一點兒，就可以混淆黑白，顛倒美醜，非可使是，卑可爲尊，老耄變紅顏，懦夫成勇士。
啊！天神們啊！爲什麼要給我這東西呢？
嘿，這東西會把你們的祭司和僕人從
你們的身旁拉走，
把强梁的枕頭抽去。
這黃色的奴隸可以使異教聯盟，同宗分裂；
它可以使惡人得福，麻瘋病人受衆人的愛戴；
它可以送鷄皮黃臉的寡婦重入洞房，即使她的尊容，可以使身染惡瘡的人見了嘔吐，有了這東西也會恢復三春的嬌艷。
哼！你這該死的東西，這人盡可夫的娼婦！」

（見《馬克思恩格斯全集》第二十二卷，一五二頁，譯文略作修改）

我國東晉時（四世紀），有魯褒作「錢神論」，可與莎翁的「黃金頌」相比美，摘錄數段如後：

「錢之爲物，有乾坤之象，内則其方，外則其圓…故能長久，爲世神寶，親之如兄，字曰『孔方』。失之則貧弱，得之則富昌。無翼而飛，無足而走，解嚴毅之顏，開難發之口。錢多者處前，錢少者居後。處前者爲君長，在後者爲臣僕。君長者豐衍而有餘，臣僕者窮竭而不足。

錢之爲言泉也，無遠不往，無幽不至…錢之所佑，吉無不利，何必讀書，然后富貴。…由此論之，謂爲神物，無德而尊，無勢而熱，排金門而入紫闥。危可使安，死可使活，貴可使賤，生可使殺。是故忿争非錢不勝，幽滯非錢不拔，怨仇非錢不解，令聞非錢不發。…」

（見《晉書・列傳》第六十四）

依照嚴又陵《天演論》的譯法，即以魯褒之「錢神論」以代莎翁之「黃金頌」，作爲馬克思名著中之引文，亦無不可。

（按嚴復譯英人赫胥黎之《天演論》，竟引用我國漢代名將李廣的故事以替代原書中所引用的埃及的一段故事。）

讀「看鏡有感」

——中共的神經衰弱症

魯迅在一九二五年二月九日寫了一篇「看鏡有感」，摘録兩段如下：

「遙想漢人多麼閎放，新來的動植物，即毫不拘忌，來充裝飾的花紋。唐人也還不算弱，例如漢人的墓前石獸，多是羊、虎、天禄、辟邪，而長安的昭陵，却刻着帶箭的駿馬，還有一匹駝烏，則辦法簡直前無古人⋯

宋的文藝，現在似的國粹氣味就熏人，然而遼金元陸續進來了，這消息很耐人尋味。漢唐雖然也有邊患，但魄力究竟雄大，人民具有不至於爲異族奴隸的自信心，或者竟毫未想到，凡取用外來事物的時候，就如將彼俘來一樣，自由驅使，絶不介懷。一到衰弊陵夷之際，神經可就衰弱過敏了，每遇外國東西，便覺得彷佛彼來俘我一樣，推拒、惶恐、退縮、逃避，抖成一團，又必想出一篇道理來掩飾，而國粹遂成爲孱主和孱奴的寶貝。

無論從那裏來的，只要是食物，壯健者大抵就無需思索，承認是吃的東西。惟有衰病的，却總常想到害胃、傷身，持有許多禁條，許多避忌；還有一套比較利害的終於不得要領的理由，例如吃固無妨，而不吃尤穩，食之或當有益，然究以不吃爲宜云云之類。但這一類人物總要日見其衰弱的，因爲他終日戰戰兢兢，自己先已失了活氣了。」

魯迅是被毛澤東譽爲我國「最偉大的思想家和偉大的革命家」的，他如果活到現在的新中國，看到不但禁止外國的圖書、刊物報紙以及文化、藝術（包括電影、音樂、美術、歌曲等等）的進口，甚至海外的左派報紙如香港大公報、文滙報、新晚報也不許羣衆訂閱，在書店裏，除了毛澤東的著作外，便只有馬恩列斯的經典著作。一切西方的、東方的（蘇聯及東歐國家）、日本的、印度的、古代的、中古的、近代的、現代的（包括解放以後）文藝創作以及政治、經濟、歷史、哲學和社會科學都當爲毒草，一言以蔽之曰「封資修」，統統打倒，統統禁止，不知作何感想！

以上是我在文化大革命末期（一九七六年一月）寫的。「四人幫」倒台以後，當然現在書店裏除了毛澤東著作以外，別的一些書也容許賣了，但是我們對於資本主義國家的意識形態的東西，還是避之如蛇蝎，把西方的「自由」，「平等」，「博愛」，「人權」等等視爲「資產階級自由化」的產物，要斬草除根；以高舉「馬克思主義」旗幟自命的中國共產黨，神經衰弱到這般地步，也就令人吃驚了。

一九九一年七月附誌

最乾脆的焚書理由

我過去只知道秦始皇焚書與希特勒焚書。秦始皇焚書，我們早已爲他翻案了，據説這是秦始皇貫徹「厚今薄古」，執行法家路線的偉大創舉。對希特勒的焚書，將來會不會有人給他翻案，還不得而知。

讀馬克思恩格斯通信集才知道伊斯蘭教也曾焚書，而他們焚書的理由，却比我國的秦始皇或法西斯德國的希特勒更爲乾脆：「或者這些書違反可蘭經，因而是邪説；或者這些書説的與可蘭經一樣，因而是多餘的—應該燒掉。」（見《馬克思恩格斯全集》三十九卷二八〇頁）

我看這個理由比秦始皇「以古非今者燔」要徹底得多。

在文化大革命期間，中國大陸的歷史學家没有一個不被批鬥的，理由是他們評價歷史人物，如果説他們好話，那就是對封建帝王將相的歌頌，因而是「毒草」；如果説他們壞話，那就是「借古諷今」，因而也是「毒草」。中國歷史上的好人，只有陳涉，吳廣，黃巢，李自成等少數農民起義領袖，那是「偉大領袖毛主席」所肯定的，用不到歷史學家來説廢話了。

妙詩解頤，無獨有偶

——讀魯迅「作文秘訣」一文

有一笑話，說某冬烘先生寫了一首詩，向人請教，其中有兩句是：「況嫂金簪假，肉環翡翠真。」自稱千錘百煉而成。別人看不懂，經他解釋說，「況」者二兄也，「肉」者內人也，詩的意思是說，「我二嫂頭上戴的金簪是假的，我妻子耳環的翡翠是真的。」聞之爲之噴飯。

近讀魯迅全集「作文秘訣」一文，說「『綠野仙踪』記塾師詠花句有云，『媳釵俏矣兒書廢，哥罐聞焉嫂棒傷』，自說意思是兒婦折花爲釵，雖然俏麗，但恐兒子因而廢讀；下聯較費解，是他的哥哥折了花來，没有花瓶，就插在瓦罐裏，以嗅花香，他嫂嫂爲防微杜漸起見，竟用棒子連花和罐一起打壞了。」兩詩均足解頤！

「瘋狂的年代，發瘋的人」

——讀葉永烈著《陳伯達》

葉永烈著的《陳伯達》（香港文化教育出版社出版）是一部可讀性很高的書。大家知道：這個自稱「小小老百姓」而實際上是大大野心家的陳伯達，在文化大革命中是一個不可一世的大人物，曾任「文革小組組長」。在中共領導人中一度排名第四，即毛澤東，林彪，周恩來，陳伯達。其「威信」之高，甚至超過了周總理。他和江青一句話（某某不是好人或不是我們的人）就可以置你於死地。後來在林彪事件中失寵於毛澤東。在林彪出事以前便被軟禁。林彪摔死以後，關進了秦城監獄。迨「四人幫」垮台，於一九八〇年被提起公訴，在文革十名罪犯中排名第五，即江青，張春橋，姚文元，王洪文，陳伯達，其罪惡僅次於「四人幫」。後被判處有期徒刑十八年。其實，陳伯達在「四人幫」揪出以前已經在監獄裏蹲了五六個年頭（一九七一年九月十三日被捕），公審時爲一九八〇年冬，宣判爲一九八一年一月，這時他已坐了十年之久的牢了。判決以前羈押的日期以羈押一天算一天，所以陳伯達的刑期是從一九七〇年十月十八日軟禁之日算起到一九八八年十月十七日刑期便滿了。事實上他自一九八一年八月就獲准保外就醫，不再蹲在監獄裏了。八一年放出來後他便住在北京朝外團結湖北里，恰好是我的隔鄰。旁邊有公安人員監護，不許自由行動。我雖早知道他住在隔鄰，也從來没有去訪問過他。葉永烈先生曾多次採訪了陳伯達本人，還訪問了許多與陳有關的知情人，查閱了大量的檔案與有關資料。該書不僅內容豐富，立論公允，而且其中有不少內幕資料，翔實可靠，這不僅是陳伯達個人的一篇傳記，並可作爲文化大革命的秘史來讀，這是非常有價值的一部歷史著作，爲研究中國文化大革命史者所不可不讀。

本書有一則很短的「卷首語」記述陳伯達自己的話：「我是一個犯了大罪的人，在文化大革命中我愚蠢至極，負罪很多，『文化大革命』是一個瘋狂的年代，那時候我是一個發瘋的人。我的一生是一個悲劇，我是一個悲劇人物，希望人們從我的悲劇中吸取教訓。……

「我是一個罪人，我的回憶只是一個罪人的回憶。

「古人云：『能補過者君子也。』但我不過是一個不足齒數的小小的『小人』之輩，我仍願永遠地批評自己，以求能够稍稍彌補我的罪過……」

我讀了這篇「卷首語」后眉批：「『人之將死，其言也善』，陳伯達有自知之明，可謂難得。」

所以葉永烈執筆寫的《陳伯達》這部回憶録，陳是以懺悔的心情，罪犯的心態來追憶自己的過去的。他没有文過飾非，没有自我原諒，没有誇大，也没有縮小他自己的罪過。他說了一句非常中肯的話，他說：「文化大革命是一個瘋狂的年代，那時候我是一個發瘋的人」。回想一下，的的確確，文化大革命真是發了瘋了，不但在中國，即在世界歷史上也找不到同樣的事例，無論是秦始皇，朱元璋，希特勒，斯大林也没有毛澤東這樣瘋狂過。在文化大革命那樣的是非顛倒，黑白倒置，只要陳伯達、江青一句話，就可以置人於死地的情況，是中外古今聞所未聞，見所未見的。現在以文化大革命的首要人物（文革小組組長）來評價「文革」是瘋狂的年代，他自己是發瘋的人，真是再恰當也没有了。

陳伯達在共產黨内以「老夫子」聞名，他是共產黨少有的一枝筆，也就是説是起草文件的大「秀才」。他表面上是一個「書生」，不像「特務頭子」康生那樣陰險毒辣，但其作惡多端，不下於康生。他因緣時會，做了毛澤東的政治秘書而爬上了中國最高層的政治舞台，結果是跌得粉身碎骨，遺臭萬年。讀這本《陳伯達》的回憶録，他是有自知之明的，他爲葉永烈題辭：「往者不可諫，來者猶可追」，但是大錯已經鑄成，真是「一失足成千古恨，再回頭已百年身」，悔之已晚，追也無及了。

説起來，我與這位文革中不可一世的陳伯達，還有同行之雅，他曾是中國科學院的副院長，又是科學院社會科學部學部委員（相當於各國的「院士」），是經濟一門的學部委員，我也是，所以我們是同行。他寫的幾本著作中曾多次引用過我的著作。但他是共產黨的高官，我是民主黨派，所以我們很少來往。記得在五十年代，他有一福建同鄉去看他，要他介紹工作，他得知這位同鄉是我廣西大學的學生，就寫了一封信給我，要我爲他的同鄉找一工作。我心裏想，你是中共中央政治局候補委員，安排一個幹部易於反掌，何必推到我身上呢？所以我也没有買他的賬。文革開始，他身爲「文革小組組長」，我被當爲吳晗的「黑幫」打成「牛鬼蛇神」，我曾經給他寫過一封信，交代我和吳晗以及「美帝走狗」胡適的關係。他當時紅得發紫，每天收信一大袋，我的信他當然置之不理。

陳伯達雖然是一個書生，但他也懂得做官的秘訣便是「先承意志」，用他自己的話來説，便是「緊跟」毛主席。陳是毛澤東的政治秘書，田家英是毛的隨身秘書，所以他經常向田家英打聽「毛主席最近看什麼書」，「注意什麼問題」之類，這種察顏觀色，探聽氣候，以「投其所好」的作風，深爲田家英所厭惡。（見該書268頁）。田家英爲人正直，在文革中與陳伯達、江青發生矛盾，被毛下令「停職反省」。「搬出中南海」，結果田家英自殺身死了。

《陳伯達》一書中說：

「陳伯達到毛澤東那裏，總是走去，或者讓車子開到勤政殿附近，下車走過去，從不讓車子一直開到毛澤東住所跟前。」

「辦別的事可以拖拖拉拉，毛澤東一個電話，隨叫隨到，不論白天黑夜，只要毛澤東找他，在毛澤東面前他總是保持畢恭畢敬的姿勢，至於一跨出毛澤東的門，他便是另一種神態，另一種姿勢了。」（P176）

你看，陳伯達的作風，不是與蔣介石的特務頭子戴笠有相似之處嗎？（戴笠最愛汽車，有新車若干輛，但在蔣介石面前，故意坐一輛破舊車。戴亦收買蔣的侍從室副官，打聽蔣介石說什麼話，讀什麼書，以上均見沈醉「我所知道的戴笠」一文）

但是儘管陳伯達這樣的「緊跟」，先承意志，有時還是不免於碰毛的釘子，這就證明中國的一句古話「伴君如伴虎」。

陳伯達回憶第一次碰毛澤東的釘子是一九五〇年跟隨毛澤東訪問蘇聯。在中蘇最高級會談中，有一次毛澤東談起了蔣介石，斯大林忽然朝陳伯達說話了：「哦，我讀過陳伯達同志的《人民公敵蔣介石》。」對陳書中引用小羅斯福一番話頗感興趣。斯大林談後，居然拿起酒杯走到陳伯達面前：「爲中國的歷史學家，哲學家陳伯達同志乾杯！」陳伯達也舉起酒杯，回答說：「爲全世界最傑出的歷史學家，哲學家斯大林同志乾杯！」陳伯達忘乎所以，似乎他的身邊沒有坐着毛澤東一般。陳伯達爲自己在最高級會談中大出風頭而興高采烈。

深夜，結束會議，送走斯大林之後，陳伯達仍處於興奮之中，却接到毛澤東的通知：「下一次會談，你不要參加了。」果然，下幾輪中蘇兩黨最高級會談的長方桌旁不見了陳伯達。(見該書169-171頁)。

陳伯達曾經多次投錯了機，一次是高崗饒漱石「反黨」事件中，高崗一度看中了陳伯達，叫陳伯達幫助修改「榮譽是屬於誰的」一篇文章。陳也想巴結高崗，后來從毛澤東那裏獲知重要信息，才趕緊從高崗那裏抽脚出來。第二次是在廬山會議彭德懷事件中，也幾乎弄錯了方向。原來陳是極左的，他在鄭州會議上因主張取消商品生產，挨了毛澤東的批。上廬山之前，聽說會議的主題是繼續批「左」，陳就把他的政治賭注押在批「左」這一邊，他萬萬沒有想到，毛澤東上山之後，會一下子從糾「左」來了個一百八十度的大轉彎，轉爲「批右傾」。在這大轉彎的時刻，陳伯達差一點被甩了出去。(見215頁)。書中說：

一九五九年第一次廬山會議，彭德懷拿出了給毛主席的信件，陳伯達看了後當衆對彭德懷說：「彭老總，你的信寫得很好，我們都支持你。」那知毛澤東忽然來了個急轉彎，說「現在不是反『左』而是反右。」我們這個理論家這次顯然慢了一拍，於是陳伯達也來了個急轉彎，「趕緊投入『反右傾』的鬥争中，以極左的面目出現，批判彭德懷，批判那個曾是他多年的頂頭上司的張聞天，他罵彭德懷是『舊軍閥』，『裝有反骨』，這才極不容易躲掉了滅頂之禍」(P216)這在共產黨「階級鬥争」史中，也有一個新名辭：叫「反戈一擊」。陳伯達又立了新功。

到了文化大革命，我們這位「理論家」到達了政治上的頂峯了，他勾結江青，當上了「中央文革小組」的組長，這個「組長」可不得了，他比國務院總理還要高，它「取代了中共中央書記處，直至取代了中共中央政治局，這個『小組』變成了中國『無產階級司令部』的同義語，誰敢説一句這個『小組』的壞話，誰敢説一句這個小組要員的壞話，就要被打成『現行反革命』，就要受到『無產階級專政』」（P262）

中央文革小組原來有十四個人，組長是陳伯達，顧問有陶鑄，康生，副組長爲江青，王任重，劉志堅，張春橋，組員有王力，關峰等七人。這還不完全是陳伯達，江青的人，於是陳，江兩人互相勾結，排除異己，先把陶鑄打倒。陶鑄本爲中共中央中南局第一書記，經鄧小平介紹，調到中央工作。自劉少奇打倒後，陶鑄在中共中央本爲第四號人物，排名在陳伯達之前（毛、周、朱、陶、陳）。陶鑄打倒後，陳伯達成爲第四號人物了，以後陳伯達又一個個把王任重，劉志堅等排除出去，這毛澤東也創造了一個新名辭叫「剥笋」，即一層層剥去那些「異己」。在文革中，黨內在「剥笋」，政府在「剥笋」，軍隊内也在「剥笋」，「中央文革小組」也在「剥笋」（P338）當時陳伯達氣燄之高，權勢之大，即歷史上的秦檜，嚴嵩亦不可望其項背，他一句話可以把方面大員（中共中央西南局書記處書記，中共雲南省委第一書記昆明軍區第一司令員閻紅彥）逼死。閻紅彥自殺時講了一句話：「殺我者，陳伯達，江青也。」閻紅彥死後，本來要刊登在當時給政治局常委看的内部刊物《要事簡報》上，陳伯達把消息删去了，説用不着登，算不上「要事」。(P352)

劉少奇的《論共産黨員的修養》是經陳伯達親自修改重新在《紅旗》上發表的，等到劉少奇被批鬥時，黑「修養」一條主要的罪狀是説其中引用列寧的話，把「無産階級專政」的辭句删去了。可見劉少奇是反對「無産階級專政」的。其實是陳伯達删去的，但當文革開始，陳伯達却以此來鬥劉少奇，而身爲「中共第一副主席」「中華人民共和國主席」的劉少奇，竟無答辯的權利。當時《紅旗》的幾位副總編輯是深知此事內幕的。陳伯達怕此事外洩，就把幾位副總編輯隔離軟禁起來，不讓他們與任何人接觸，包括家屬在內。直到陳伯達垮台以後，這幾位副總編輯才恢復自由。現任全國政協副主席、中國社會科學院院長胡繩即爲副總編輯之一，這話就是胡繩親口告訴我的。

當林彪被毛澤東選爲接班人，做了「我們最敬愛的副統帥」時，陳伯達認爲這一下子他的寶押對了，他不僅要「緊跟」毛主席，還要「緊跟」林副統帥，等到林副統帥一旦登上國家主席的寶座，我們的理論家陳伯達不就做了開國元勳了嗎?!那裏知道，這回陳伯達「翻車了，倒大霉了。」陳伯達一貫是翻手爲雲，覆手爲雨，察顏觀色，投機取巧，他哪裏想得到毛澤東的風雲變幻縱橫捭闔，又比我們這位理論家超過萬倍，在一九七〇年的廬山會議上，陳伯達終於「翻車」了，遭「滅頂之災」了。

「八月卅一日，毛澤東終於對陳伯達來了個總清算，總攻擊，毛澤東針對陳伯達所編的『恩格斯，列寧，毛主席關於論天才的幾段語録』寫下那篇著名的《我的一點意見》，雖說是『一點意見』，却『一句頂一萬句』，從政治上宣佈了陳伯達的死刑，陳伯達的政治生命，從此終結。」

(P496)

毛澤東的「我的一點意見」無異是陳伯達政治死刑的判決書，全文共七百字，見《陳伯達》一書四百九十七頁。

從此陳伯達不但在政治上消聲匿跡，而且關進了監獄，做階下囚了。這應了中國的一句古話：「伴君如伴虎」，又如俗語所說，「老在河邊站，那有不沾水的。」這就是陳伯達的可耻下場。

不過陳伯達在晚年總算有自知之明的，他經過了「文化大革命」的洗禮，經過了「無產階級專政」的風浪，他從中共黨政領導的第四號人物一變而為階下囚，坐了十八年監牢，終於醒悟過來，說了一句明白話，「文化大革命是一個瘋狂的年代，我是一個發瘋的人」，雖然醒悟得太晚了。

在《陳伯達》一書中，有許多「文革」中的秘事，如關於「毛劉矛盾」，關於「二月逆流」，關於「王、關、戚」小爬蟲，關於「楊、余、傅事件」，都有詳盡的敘述，這些敘述都根據當事人的回憶與有關的檔案材料，非一般捕風捉影道聽途說之可比，所以我說，該書是研究中國文化革命史者所不可不讀。

毛澤東也不能不說是一個「天才」，他有驚人的「預見」。毛說，他的一生只做了兩件大事，一件是打敗蔣介石，建立新中國，一件就是發動「文化大革命」「無產階級專政下繼續革命」。前一件事他建立了豐功偉績，為全國人民所景仰；後一件事，他徹底地否定了他自己，跌得粉碎，為人唾罵。

在文化大革命剛開始，一九六六年七月八日毛給江青寫過一封信，信中說：

「…盛名之下，其實難副，這後兩句，正是指我，我曾在政治局常委會上讀過這幾句，人要有自知之明。…事物總是要走向反面的，吹得越高，跌得越重，我是準備跌得粉碎的，那也沒有什麼要緊…」（見該書282頁）

毛澤東這番話講得多麼好呵！「事物總是要走向反面的，」蔣介石去了台灣以後，為台灣人民做了好事，台灣人民至今懷念他。毛澤東統治中國以後，一次大躍進，餓死了二千幾百萬人，一次文化大革命，使幾億中國人民遭殃，老幹部，知識分子，文藝界學術界人士被害死的以千萬計，這不是「走向反面」了嗎！毛自己也「跌得粉碎」，真不幸而言中了。

誰要是對中國文化大革命歷史不清楚的，請讀一讀葉永烈這本《陳伯達》。

誰要是對毛澤東還懷有幻想的，也請讀一讀這本《陳伯達》。

「瘋狂的年代，發瘋的人」，願中國歷史不再重演。

八方文化企業公司
GLOBAL PUBLISHING CO. INC.

千家駒讀史筆記

作　　者: 千家駒
出 版 者: 八方文化企業公司
Global Publishing Co. Inc.
Suite 1B, 1060 Main Street,
River Edge NJ 07661, USA

印　　刷: Printed by JBW Printers & Binders Pte Ltd
初　　版: 1992年3月
國際書號: ISBN 1-879771-02-0 pbk

封面設計: 劉濟琛